Rainer Mareik

W0064101

Kanuwandern

Band 11

OUTDOOR HANDBUCH

Kanuwandern

© Copyright Conrad Stein Verlag, Kronshagen

2. überarbeitete Auflage

Alle Informationen, schriftlich und zeichnerisch, wurden nach bestem Wissen zusammengestellt und waren korrekt zum Zeitpunkt der Recherche. Eine immerwährende Garantie für die Richtigkeit von Preisen, Adressen und Telefonnummern kann naturgemäß nicht übernommen werden.

Der Autor ist für Hinweise und Verbesserungsvorschläge unter Angabe der Auflagen- und Seitennummer an den Verlag dankbar. Leser, deren Einsendung verwertet wird, werden in der nächsten Ausgabe genannt und erhalten als Dank ein Belegexemplar der neuen Auflage oder ein anderes Buch ihrer Wahl aus dem Programm des Conrad Stein Verlags.

Text	Rainer Mareik
Illustrationen	Rainer Mareik und Eva Schröder
Titelbild	Oliver Schon
Lektorat	Gunna Westphal
Druck	Clausen & Bosse, Leck

Dieses OutdoorHandbuch hat 110 Seiten mit 31 Illustrationen. Es wurde auf chlorfrei gebleichtem Papier gedruckt.

ISBN 3-89392-111-7   001480

Inhalt

Legende

 Achtung, Vorsicht

 Buchtip

 Tip

Das Erlebnis

Meine erste Wildnistour mit dem Kanadier war **das** Schlüsselerlebnis, das mich bis heute an diese Art von Urlaub fesselt. Gleichzeitig war sie eine Wanderfahrt mit Fehlern und Risiken, die wir besser hätten vermeiden sollen.

Ich war zu jener Zeit im kanadischen Saskatchewan. Wir hatten uns zu dritt von Freunden einen Kanadier geliehen und unsere Campingausrüstung zusammengepackt, um weiter im Norden eine Kanutour zu unternehmen. Es sollte eine Rundtour über eine Kette kleinerer Seen werden, mit leichten Fließstrecken dazwischen. Wo wir nicht paddeln konnten, mußten wir umtragen.

Auf dieser Tour wurde uns die große Blechkiste, in der wir die Lebensmittel bärensicher aufheben wollten, zur schlimmsten Last. Die Griffe waren viel zu klein, um den Kasten durch unwegsames Gelände zu schleppen. Daher versuchten wir - alle drei recht unerfahren -, doch diese oder jene Stelle des Flusses zu fahren oder zu treideln. Dies mißlang uns aber schließlich - wie hatte es anders kommen können - kurz vor der Einmündung in einen See.

Das Wasser rauschte gemütlich vor sich hin. Der See war schon in Sicht, als wir plötzlich merkten, daß wir auf eine Stromschnelle zukamen: ein etwa 1 m hoher Fall. Kaum hatten wir die Gefahr erkannt, war es auch schon zu spät. Schwupp, runter, seitlich gegen einen Felsen im Unterwasser, und fest saß das Boot. Das Wasser schoß hinten hinein, um vorne alle unsere Sachen herauszuspülen - bis auf die große Blechkiste, versteht sich. Sie war zu schwer.

Bis zum Bauchnabel im Fluß stehend, mußten wir sie heraushieven, um das Boot zu erleichtern, denn mit dem Gewicht bewegte es sich nicht. Als das Kanu - nun mit einer großen Beule im Alu - wieder frei schwamm, machten wir uns daran, die übrigen Sachen aus dem See zu fischen. Alles in allem hatten wir ziemliches Glück: Das Boot war noch dicht und das Wetter sonnig und warm, so daß unsere Sachen bald trockneten.

So weit, so schlecht. Hätten wir besser geplant und uns mit den Problemen einer solchen Fahrt genauer vertraut gemacht, dann wäre es wohl nicht zu diesem Unglück gekommen.

Um Ihnen ähnliche "Abenteuer" zu ersparen, möchte ich in diesem Buch auf die verschiedenen Aspekte einer Kanu-Wandertour eingehen. Dazu gehören Grundkenntnisse über:

* die verschiedenen Bootstypen,
* die Paddeltechnik,
* die Vorbereitungen einer Wandertour
* und schließlich die Probleme, auf die man unterwegs gefaßt sein muß.

Seit unserer Wanderfahrt im Norden Kanadas bin ich nicht wieder vom Kanufahren abgekommen. Es gibt einfach nichts Schöneres, als bei Sonnenuntergang am Lagerfeuer zu sitzen und zu hören, wie die Rufe der Prachttaucher im Wald widerhallen.

Bedanken möchte ich mich bei Siegfried Ettling für die Beratung in Materialfragen.

Rainer Mareik

Über den Autor

Rainer Mareik, 29 Jahre alt, ist Diplom-Biologe und lebt zur Zeit bei Kiel. Seit seiner Kindheit ist er mit Boot und Zelt unterwegs. Auf Wanderfahrten entdeckte er viele schöne Winkel in Deutschland und Skandinavien, vor allem aber in Kanada.

Boote

Während im Englischen und Französischen mit "Canoe" grundsätzlich der Kanadier gemeint ist, wird im deutschen Sprachgebrauch unter dieser Bezeichnung oft das Kajak verstanden. Da dies bis jetzt das bei uns häufiger benutzte Boot ist, steht "Kanu" oft gleichbedeutend für "Kajak". Eigentlich handelt es sich hierbei um den Oberbegriff zur Sportart "Kanu", der Kanadier und das Kajak sind Bootstypen. Wenn ich in diesem Buch von "Kanu" spreche, meine ich den Kanadier, das universelle Reiseboot schlechthin.

Kajak contra Kanadier

Das Kajak wird mit einem Doppelpaddel fortbewegt, hat ein geschlossenes Deck, und man sitzt darin mit ausgestreckten Beinen auf einem flachen Sitz. Der Kanadier hingegen ist oben offen (von den europäischen Wildwasserkanadiern abgesehen), man benutzt das Stechpaddel und kniet im Boot oder sitzt mit angewinkelten Beinen. Der Sitz ist daher dementsprechend höher.

Daraus resultieren einige wichtige Unterschiede zwischen den beiden Bootstypen: Ein Kanadier ragt - der Sitzposition entsprechend - höher aus dem Wasser und bietet mehr Angriffsfläche für den Wind, der Grund, warum die Inuit auf dem nördlichen Eismeer Kajaks bevorzugten. Das Kajak ist außerdem das schmalere und daher schnellere Fortbewegungsmittel.

Im Kanadier ist man in der knienden Position jedoch beweglicher, man kann Paddelschläge unter Einsatz des ganzen Oberkörpers kraftvoller ausführen. Das Paddel wird nicht vor dem Körper hochgehalten, daher ermüden die Arme nicht so schnell. Unterwegs kommt man relativ leicht an das Gepäck heran und kann die Sitzposition jederzeit variieren.

Will man allein Wildwasserfahrten unternehmen, ist das Einerkajak wohl das geeignetste Boot. Fährt man allerdings zu zweit, ist dem Kanadier möglicherweise der Vorzug einzuräumen, da die Manövrierbarkeit eines Zweierkajaks zu wünschen übrig läßt.

Ein weiterer Grund, der für den Kanadier spricht, ist seine **große Ladekapazität**. In keinem anderen Paddelboot kann man so leicht so viel Gepäck unterbringen. Dies war schließlich auch der Grund, warum die nordamerikanischen Indianer und später auch die Voyageure und Fallensteller dieses Boot benutzten, um einen ganzen Kontinent zu erkunden. Für uns ist nicht zuletzt deshalb der Kanadier das bevorzugte Reisefahrzeug auf längeren Touren.

Auch wenn Sie mit Kindern unterwegs sind, bietet sich der Kanadier besonders an, weil er kippsicher und geräumig ist (☞ Maße und Form). Wegen seiner Kippsicherheit und der offenen Bauweise gibt es beim Kanadier keine Probleme beim Ein- und Aussteigen. Und mit Persenning und Spritzdecke wird dieses Boot wirklich regen- und wasserdicht.

Materialien, Gewichte und Preise

Kanadier aus Birkenrinde gibt es praktisch nicht zu kaufen, sehr elegant sind allerdings **Boote aus Holz**. Oft werden sie aus Zedernholzstreifen gefertigt und heute zusätzlich mit einer Kunststoffschicht überzogen. Das erhöht die Haltbarkeit. Holzkanus sind leise und benötigen keine Auftriebskörper, das Holz fühlt sich warm und weich an. Boote aus Holz sollten aber trocken gelagert werden und sind nicht für den Einsatz im Wildwasser geeignet, da sie ohnehin schwerer zu reparieren sind und mehr Pflege benötigen als ihre Vettern aus Aluminium und Kunststoff. Sie haben auch ein größeres Gewicht (34 bis 40 kg).

Holzkanadier werden nur von wenigen Herstellern angeboten und sind sehr teuer. Von der Firma *Old Town* kosten sie zwischen DM 7.200 und 8.300. (Die Angaben zu den Herstellern erheben weder hier noch an anderer Stelle Anspruch auf Vollständigkeit; Preise und Gewichte beziehen sich auf Zweierkanadier.)

In Nordamerika sind **Aluminium-Kanus** häufiger zu sehen. Sie werden in der Regel aus hochwertigem Flugzeugaluminium hergestellt und sind meistens aus zwei Blechhälften in Längsrichtung zusammengenietet. Daher haben die meisten Alu-Boote einen Kiel, der in flachem Wasser leicht an Hindernissen hängenbleibt, aber für guten Geradeauslauf sorgt. Zudem scheppern sie sehr laut, wenn die Wellen stärker gegen den Rumpf schlagen, und leiten die Kälte des Wassers nach innen. Schlägt das Kanu leck, fällt es schwerer als bei anderen Materialien, es wieder abzudichten.
Die Nieten sollten also dicht an dicht stehen und möglichst flach sein. Auftriebskörper sollten vom Hersteller eingebaut sein. Alu-Kanadier benötigen im übrigen keine Pflege, kleine Beulen können einfach herausgehämmert werden. Gewicht: 33 bis 39 kg. Der Preis ist schon attraktiver als der der Holzboote: z.B. DM 2.300 bis 2.700 für die schwedischen *Inkas*.

Glasfaserverstärkter Kunststoff (GFK) war lange Zeit der gängigste Stoff zur Herstellung von Kanadiern. Er kann als ein Gemisch aus Fasern und Harz (in der Regel handelt es sich dabei um Polyesterharz, daher auch die Bezeichnung "Polyester-Boote") in eine Form gespritzt werden. Das ist billig, leider aber nicht besonders haltbar.
Wesentlich besser ist die Herstellung im Handauflegeverfahren. Hier werden Harz und Glasfasermatten im Wechsel von Hand in die Form eingebracht. Die Qualität ist gut, wenn der Bootsbauer sorgfältig gearbeitet hat. Das ist beim Kauf schwer zu kontrollieren, aber es kann sich durchaus lohnen, ein Boot bei einem bekannten Hersteller zu kaufen.

GFK ist hart, beult nicht ein wie Aluminium und isoliert auch besser gegen Kälte. Ein großer Vorteil von GFK ist, daß es zu fast allen erdenklichen Formen verarbeitet werden kann. Das Gewicht der Boote liegt zwischen 27 und 34 kg. GFK läßt sich unterwegs leicht reparieren und ist preisgünstig. Firmen wie *Bavaria* und *Prijon* bieten Kanus für DM 1.200 bis 1.500 an, *Old Town, Mad River* und *Gatz* bauen elegantere Kanadier von DM 1.900 bis 3.000. Daneben gibt es eine Reihe kleinerer Hersteller, die ihre Boote lokal anbieten.

Kevlar und Kohlefaser sind ähnliche Baustoffe wie GFK. Sie ermöglichen es, bis zu 35% leichtere Boote (18 bis 27 kg) herzustellen, da sie fester und zäher, dafür aber auch erheblich teurer sind. Die extrem leichten Boote dieser Bauart besitzen allerdings derart dünne Wandungen, daß sie für den Wildwassereinsatz nicht mehr geeignet sind. Reparaturen gestalten sich etwas schwieriger, da in der Regel Epoxydharze verwendet werden. Hier spielen die Verarbeitungstemperatur und das Mischungsverhältnis von Harz und Härter eine wesentlich größere Rolle als bei Polyesterharzen. *Gatz, Old Town* und *Mad River* mögen als Hersteller genannt sein. Die Preise liegen zwischen DM 2.700 und 5.000. Alle diese Kunststoffboote benötigen zusätzliche Auftriebskörper, damit sie unsinkbar sind.

Polyethylen (PE) ist ein Baustoff, der in jüngster Zeit eine Weiterentwicklung erfahren hat. Das klassische PE-Kanu ist der *Coleman*-Kanadier. Er ist aus einschichtigem PE ("RAM-X") hergestellt und benötigt zur Aussteifung ein Aluminiumgerüst. Da sein Material weich, aber zäh ist, hält es Stöße gut aus und ist fast unzerbrechlich. Zudem ist es billig (Boote ab DM 1.300). Dafür muß man etwas mehr tragen (33 bis 37 kg).

Seit einigen Jahren werden Kanadier in mehrschichtigem PE angeboten. Dabei wird die mittlere der drei Schichten aufgeschäumt. Das Boot wird auf diese Weise steifer, und ein Stützgerüst kann wegfallen. Im Vergleich zu GFK sind diese Kanus jedoch immer noch etwas schwerer (32 bis 36 kg). Die Oberfläche ist weicher und daher kratzempfindlich. Hersteller sind z.B. *Gatz* und *Old Town* ("Olthylen") mit günstigen Preisen von DM 1.400 bis 2.500.

"Royalex" (*Mad River, Gatz, Dagger*) und "Oltonar" (*Old Town*) haben ebenfalls einen Schaumkern, das Grundmaterial ist aber **Acryl-Butadien-Styrol** (ABS). Hier sind mehr als drei Schichten am Aufbau der Bootshaut beteiligt. Die genannten Materialien haben sich innerhalb kurzer Zeit im Kanubau etabliert und scheinen sich gut zu bewähren. Sie sind leichter als PE (26 bis 34 kg). Die Oberfläche ist wie bei PE relativ kratzempfindlich, und das Material ist teurer als GFK und PE. Die Preise der Kanus liegen zwischen DM 2.500 und 3.500.

Dafür können diese Boote nicht brechen. Selbst große Beulen lassen sich mit einem Fön wieder herausarbeiten. Bei der Reparatur ist es am einfachsten, sich auf die Sets der Hersteller zu verlassen, weil die mitgelieferten Harze und Kleber gut auf das Bootsmaterial abgestimmt sind. Mit einem ausführlichen Kunststoffkatalog - wie etwa von der Firma *R & G* (☞ Anhang, Weiterführende Literatur) - können Sie sich auch selbst die optimale Harz-Härter-Kombination und Kevlar-Gewebe zusammenstellen.

Die Sandwichbauweise, in der die Boote aus ABS hergestellt werden, wurde in jüngster Zeit immer weiter verfeinert, so daß durch einen PVC-Außenlack z.B. eine bessere Kratzfestigkeit und eine höhere UV-Beständigkeit erreicht wird. Weiterentwicklungen wie "R84 Royalite" (*Indian Canoe*) und "R-Light" (*Dagger*) versprechen noch leichtere Boote (24 bis 28 kg) bei gleichbleibender Stabilität.

Zusammenfassend läßt sich sagen, daß alle Boote aus Kunststoff relativ gut gegen die Kälte des Wassers isolieren, besonders natürlich diejenigen aus PE und ABS, die einen Schaumkern besitzen. Letztere sind auch ohne zusätzliche Auftriebskörper unsinkbar und durch den dicken Boden sehr leise. Der einzige Nachteil der mehrschichtigen Materialien ist, daß sie in den Randbereichen - etwa an den Bootsenden - nicht so spitz ausgezogen werden können und daher einen etwas größeren Wasserwiderstand haben.

Gewichte und Preise (1995)		
Holz	34-40 kg	DM 7.200-8.300
Alu	33-39 kg	DM 2.300-2.700
GFK	27-34 kg	DM 1.200-3.000
Kevlar/Kohlefaser	18-27 kg	DM 2.700-5.000
PE 1schichtig	33-37 kg	DM 1.300-1.500
PE 3schichtig	32-36 kg	DM 1.400-2.500
ABS	26-34 kg	DM 2.500-3.500
Faltkanadier	17-19 kg	DM 2.000-2.500
Luftboote	17-25 kg	DM 2.200-3.700

Faltboote sind meist Kajaks, es gibt nur ausnahmsweise **Faltkanadier**. Hier sind die *Ally*-Faltkanus aus Norwegen zum Preis von DM 2.000 bis 2.500 anzuführen. Sie sind sehr leicht (17 bis 19 kg ohne Sitze), besitzen eine glasfaserverstärkte PVC-Haut mit einem Aluminiumgestänge und sollen verhältnismäßig stabil sein. Eigene Erfahrungen habe ich damit leider nicht.

Wer unbedingt ein Faltboot haben möchte, sollte sich die Kajaks von *Klepper* einmal ansehen. Sie haben sich über viele Jahrzehnte bewährt.

Aufblasbare Kanadier, sogenannte Luftboote, gibt es ebenfalls. Damit sind aber nicht "Schwimminseln" für wenig Geld gemeint. Aufblasbare Kanadier kosten DM 2.200 bis 3.700 und werden von Firmen wie *Jumbo* und *Grabner* hergestellt. Mit 17 bis 25 kg sind auch sie sehr leicht, besitzen eine große Tragkraft, sind aber windanfällig. Die Außenhaut besteht aus Trevira-Gewebe, das mit PVC oder Gummi/Hypalon beschichtet wird. Wichtig ist, daß das Boot in mehrere Luftkammern unterteilt ist.

Wie bei den Faltkanadiern erscheint ihre Anschaffung sinnvoll, wenn man sich in entlegene Winkel unserer Erde einfliegen läßt oder mit Bus und Bahn anreist. Im Autozeitalter ist dies aber wohl eher die Ausnahme.

🖐 Ein Nachteil der Falt- und Luftboote bleibt: An flachen Stellen und beim Überheben von Hindernissen ist Vorsicht geboten. Die Außenhaut kann schon einmal ein Loch bekommen.

Bei der Wahl der **Farbe** sind verschiedene Gesichtspunkte zu berücksichtigen. Einerseits möchte man sich möglichst unauffällig in die Natur einfügen, ein auffällig gefärbtes Boot wird von anderen Schiffen jedoch leichter gesehen und im Notfall auch besser gefunden. Der eine oder die andere mag vielleicht eine ausgesprochene Lieblingsfarbe haben, die er wählt, oder man entscheidet sich für den Kanadier seiner Wahl in der Farbe, die nun einmal beim Händler vorrätig ist. Seitens der Hersteller sind der Farbenvielfalt keine Grenzen gesetzt.

Der Markt für Kanus boomt derzeit, und dementsprechend gibt es eine große Fülle an Herstellern mit einer noch größeren Anzahl an Modellen, die sich alle in kleinen Details voneinander unterscheiden.

☺ Wenn Sie sich zum Kauf nicht entscheiden können, mieten Sie sich am besten ein Kanu für Ihren ersten Bootsurlaub. Eine Woche kostet rund DM 100 bis 150. Spätestens dabei werden Sie merken, worauf es Ihnen ankommt, denn neben den verschiedenen Materialien muß man sich ja auch noch für eine Bootsgröße und -form entscheiden (☞ Maße und Form).

🖐 Ein gebrauchtes Kanu ist natürlich billiger - aber Vorsicht vor unfachmännisch reparierten Booten!

Maße und Form: Die Merkmale des Kanadiers

Der Kanadier sollte **unsinkbar** sein. Gegebenenfalls muß er zu diesem Zweck mit Spitzenbeuteln ausgerüstet werden. Für den Wildwassereinsatz gibt es Auftriebskörper, die den Großteil des Kanus ausfüllen.

Während Kajaks in der Regel zwischen 50 und 65 cm **breit** sind, erreichen Kanadier in der Breite mindestens 80 cm, oft auch 90 cm oder mehr. Einerkajaks sind als Tourenboote durchaus 5 m **lang**, Kanadier auch bei Zweiern meist nicht länger. Der "Yoho II" von *Gatz*, ein wendiges Zweierkanu, ist bei 260 kg Zuladung gerade 4,5 m lang. In den nordamerikanischen 17-Fuß-Kanadiern aus Aluminium (5,1 m Länge) kann man schon gut zu dritt fahren.

Die **Seitenwandhöhe** (das ist die niedrigste Stelle der Außenwand in der Mitte des Bootes) beträgt etwa 30 bis 40 cm, die Gesamthöhe 50 bis 60 cm. Die hochgezogenen und spitz zulaufenden Steven (vordere und hintere Enden des Bootes) verleihen dem Kanadier sein typisches Aussehen (Abb. 1).
Die Zuladung eines Kanadiers hängt vor allem von diesen Abmessungen ab, kaum vom verwendeten Material.

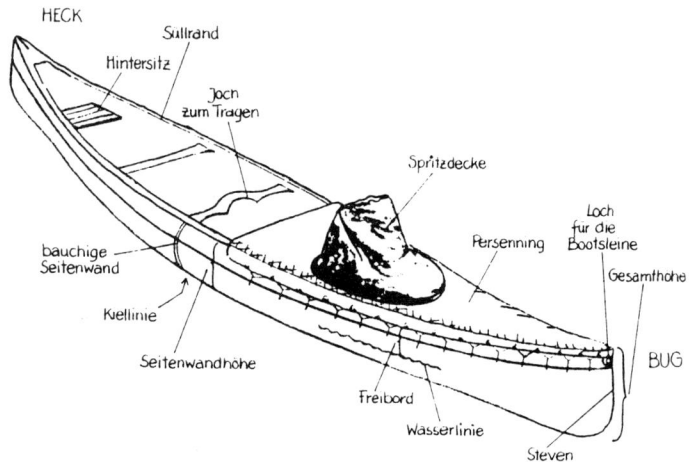

Abb. 1

Das Gewicht des Bootes selbst ist vom Material abhängig und liegt für einen Zweierkanadier, wie bereits erwähnt, zwischen 20 und 40 kg.

Es ist vor allem das **Verhältnis von Länge zu Breite,** das die Geschwindigkeit des Kanadiers bestimmt. Lange, aber **schmale Boote** sind schnell und kursstabil, besitzen allerdings eine geringere Anfangsstabilität, d.h. sie sind beim Einsteigen etwas kippelig. Dieses geringe "Stehvermögen" ist bei Booten mit **V-Spant** (Abb. 2a) besonders ausgeprägt. Unter Fahrt besitzen solche Boote aber eine hohe Endstabilität (= Seitenlagenstabilität): Selbst wenn man schon kippt, kann man sich durch eine Paddelstütze noch leicht retten.

Abb. 2a   Abb. 2b

Breite Boote mit deutlichem **U-Spant** (Abb. 2b) besitzen eine hohe Anfangsstabilität (= Kippsicherheit), sind beim Kentern aber ab einem gewissen Punkt kaum wiederaufzurichten (geringe Endstabilität). Solche Kanus lassen sich leichter steuern und reagieren beweglicher.
Zwischen diesen beiden Extremen gibt es fließende Übergänge. Boote mit U-Spant oder nur angedeutetem V-Spant bieten viel Platz und stellen die klassischen Wanderkanadier dar.

Ist der **Steven** aufgeholt und abgerundet, so ragen die Bootsspitzen des Kanadiers etwas aus dem Wasser. Die **Kiellinie** ist bei diesen Booten meist gekrümmt (Kielsprung) und das "Unterschiff" relativ kurz. Solch ein Kanu ist wendig und steigt gut über Wellen hinweg. Es ist hervorragend für Wildwasserfahrten geeignet.

Ein Boot mit gerader Kiellinie (d.h. langem "Unterschiff") und niedrigem Steven ist dagegen ein besserer Geradeausläufer. Zusätzlich kann außerdem ein niedriger Kiel vorhanden sein. Das Kanu ist nicht so windanfällig und schneidet durch Wellen hindurch. In Verbindung mit einem leicht nach außen gewölbten Süllrand liegt ein solches Boot bei mittlerem Wellengang ruhig im Wasser, da die Wellen sauber nach außen geteilt werden. So sollte ein Boot für große Gewässer aussehen. Zwischen diesen beiden Extremen gibt es wieder alle Übergänge.

Beim Kauf sollten Sie beachten, daß eine gekrümmte Kiellinie manchmal kaum zu erkennen ist. Es handelt sich nur um wenige Zentimeter Höhenunterschied bei mehreren Metern Bootslänge. Eine Probefahrt läßt die entsprechenden Eigenschaften dagegen leicht erkennen.

Nach außen gewölbte **Süllränder** haben den Nachteil, daß es schwerfällt, das Paddel dicht am Boot zu führen. Bauchige Bordwände hingegen ermöglichen genau dies, so daß man zum Steuern nicht so viel Energie aufwenden muß (☞ Paddeltechnik). Mir gefallen Boote mit "rundem Bauch" besser.

Auch bei voller Zuladung muß der Kanadier über ausreichend **Freibord** verfügen. Damit ist der Abstand von der Wasserlinie bis zur tiefsten Stelle des Süllrandes gemeint. Vollbesetzt mit Paddlern und Gepäck sollten mindestens 15 cm Freibord vorhanden sein.

Ein weiteres Kriterium ist die Bugform: Läuft das Boot spitz aus, schneidet es messerscharf durch das Wasser und bietet nur geringen Widerstand. Dafür steigt es wegen des geringen Bugvolumens schlecht über Wellen hinweg. Ein stumpfer Bug ist dagegen voluminöser und besitzt die entgegengesetzten Eigenschaften.

In Nordamerika findet man öfter Kanus mit **Spiegelheck**, um die Boote auch mit einem Motor ausrüsten zu können (z.B. das "Scanoe" von *Coleman*). Bei langen Touren ist das unsinnig, weil man viel Treibstoff mitnehmen müßte. Auch wird der Motor beim Umtragen zur Last, und schließlich entfällt das stille, harmonische Dahingleiten in der Wildnis.

Zubehör

Paddel

Das **Stechpaddel** sollte dem Kanuten in Aktion bis zum Kinn reichen. Da das Verhältnis Oberkörper zu Beinlänge unterschiedlich sein kann, mag sich derjenige, der es genau wissen will, in einen Kanadier knien. Nun wird das Paddelblatt ganz in das Wasser eingetaucht. Der Schaft reicht bei richtiger Länge bis zum Kinn (Abb. 3).

Abb. 3

Es gibt sehr viele verschiedene Paddelformen. **Wanderpaddel** haben in der Regel eine etwas kleinere Fläche als **Wildwasserpaddel**. Meiner Ansicht nach ist es Geschmackssache, welche Paddelform einem am meisten zusagt.

Paddel aus Holz sind leicht, schwimmen gut und fühlen sich warm an. Allerdings benötigen sie etwas Pflege. Bei Paddeln aus Kunststoff kommen solche mit Schaumkern in Frage. Durch ihren Auftrieb und ihr geringes Gewicht liegen sie gut in der Hand. Sie sind pflegeleicht und halten lange, dafür sind sie teurer als ihre Vettern aus Holz. Für Wildwasser sind sie an den Kanten mit Aluminium verstärkt. Weiterhin gibt es gute Paddel aus Kevlar oder Kohlefasergewebe. Die Preise liegen zwischen DM 60 und 170.

☺ Auf einer Wandertour sollte man immer ein gut angebundenes Ersatzpaddel mitführen.

Schwimmwesten

Nach dem Paddel ist die **Schwimmweste** der wichtigste Begleiter des Kanuten. Sinnvoll ist die Verwendung einer Schwimmhilfe, die es ermöglicht, das Boot zu bergen und an Land zu schwimmen.

Ohnmachtssichere Rettungswesten sind eher hinderlich. Im Fall einer Kenterung sind sie stets bestrebt, den Schwimmer auf den Rücken zu drehen.

Die Schwimmweste muß für Ihr Körpergewicht ausgelegt sein und darf im Wasser nicht hochrutschen. Das würde die Wirkung der Weste reduzieren und beim Schwimmen hinderlich sein. Für eine Schwimmweste kann man zwischen DM 100 und 250 ausgeben.

Bootswagen

Steht zum Umtragen ein halbwegs breiter Weg zur Verfügung, ist es sinnvoll, solch ein zweirädriges Gefährt mitzunehmen (Abb. 4). Es muß leicht zerlegbar oder zusammenklappbar sein, damit es sich gut verstauen läßt. Wichtiger als das Gewicht ist die Stabilität, denn man erreicht mit Boot und Gepäck zusammen durchaus 100 kg. Dieses Gewicht sollte der Bootswagen nicht nur aushalten, sondern er muß dann auch noch über Stock und Stein geschoben werden können.

Achten Sie daher auf stabile Konstruktion, gut gelagerte Räder (keine Plastikbuchsen), die am besten luftbereift sind, damit Unebenheiten der Wegstrecke besser ausgeglichen werden, und auf einen stabilen Gurt mit solider Schnalle zum Befestigen des Bootes. Vollgummireifen haben natürlich den Vorteil, daß man keinen Plattfuß bekommen kann.

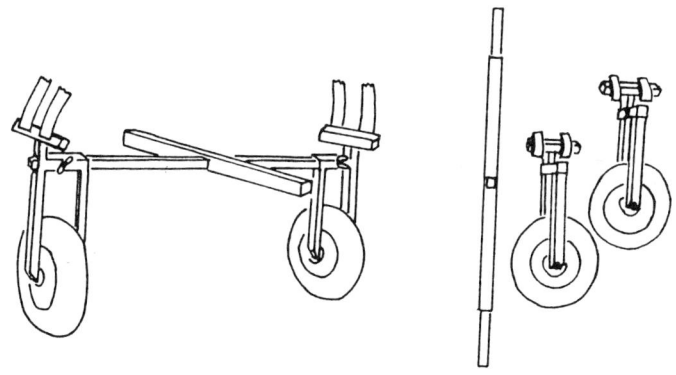

Abb. 4

Der Bootswagen muß hoch genug sein, damit man in Senken nicht mit den Bootsenden aufschlägt. Gute Bootswagen sind teuer (DM 170 bis 400). Ich habe mir meinen eigenen Bootswagen gebaut. Selbst dann liegt der Materialwert immerhin bei DM 120.

Ist kein Weg vorhanden, muß das Boot getragen werden - doch dazu später mehr (☞ Hindernisse, Tragen des Bootes).

Persenning und Spritzdecken

Mit einer **Persenning** wird der sonst offene Kanadier zum geschlossenen Boot. Der Zahl der Paddler entsprechend, hat eine Persenning Sitzlöcher, die wiederum mit einer **Spritz-decke** wasserdicht verschlossen werden können. Dabei faßt die Spritzdecke mit einem Gummizug um den wulstförmigen Rand der Persenning (Felgensüllrand). So bleibt das Kanu bei Regen und Wellengang innen trocken (und mit ihm seine Insassen).

✋   Nicht jede Persenning ist auch für Wildwasserfahrten geeignet.

Nach einer Kenterung ist die Bergung des Kanadiers mit Persenning allerdings schwieriger. Ein "Leerschütteln" oder die Boot-über-Boot-Rettung sind oft nur mit abgenommener Persenning möglich (☞ Auf Wanderfahrt, Kenterung).

Lenzgefäß und Leinen

Zum Lenzen des Bootes sollte man immer ein geeignetes Gefäß mitführen. Wichtig ist lediglich, daß diese "Pütz" nicht zu klein ist, da in ein Kanu mehrere hundert Liter Wasser passen. Der Schöpfbecher oder -eimer sollte festgebunden werden und gut erreichbar sein.

Vorne und hinten am Boot werden Leinen befestigt, die beim Einsteigen und Anlanden zum Halten und Festmachen des Kanus dienen. Bei den meisten Booten sind dafür Löcher oder Schlaufen vorgesehen. Je 5 m Schnur reichen aus, zum Treideln können Sie mit einer weiteren Leine von mindestens 20 m verlängert werden (☞ Hindernisse, Treideln). Die Seile sollten so dick sein, daß sie auch bei starkem Zug nicht in die Hände einschneiden. Die Treidelleine läßt sich übrigens auch für zahlreiche andere Zwecke verwenden: zum Wäschetrocknen, um Lebensmittel in einen Baum zu hängen, zum Ankern etc.

Zur Befestigung der Leinen am Boot, beim Sichern des Kanus um einen Baum oder zum Verbinden der Leinen untereinander gibt es **Knoten**, die sehr haltbar sind und sich trotzdem leicht wieder lösen lassen. Dazu gehören z.B. der **Schifferknoten** zum Festmachen (Abb. 5a), der **Webleinen** zum Überschlagen an einem Pfahl (Abb. 5b) oder der berühmte **Palstek** für eine nichtlaufende Schlaufe (Abb. 5c). Zum Verlängern mit einer weiteren Leine eignet sich der **Schotstek** (ein Palstek zwischen zwei Seilen, einfach oder doppelt) oder der **Blutknoten**.

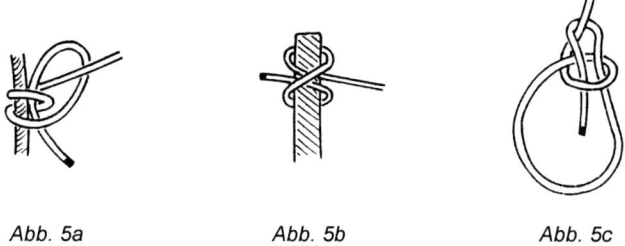

| Abb. 5a | Abb. 5b | Abb. 5c |

Cliff Jacobson, *Knoten*, Basiswissen für Draußen (Band 3), Conrad Stein Verlag, Kronshagen, 1992.

Einen **Anker** benötigen Sie höchstens, wenn das Kanu bei einer Landung an einer felsigen Küste in sicherer Entfernung festgemacht werden soll, weil es weder leicht an Land zu ziehen ist, noch direkt am Ufer liegen kann, wo es durch Wellenschlag beschädigt werden würde. Beim Angeln vor dem Schilf reicht meist ein flacher, kantiger Stein, den man wie ein Paket mit der Treidelleine einschnürt und absenkt.

Sitze und Kniepolster

Viele Kanus lassen sich je nach Zielsetzung mit unterschiedlichen Sitzen ausstatten. Flecht- und Gurtsitze sehen elegant aus, einfache Holzsitze halten lange, Kunststoffsitze sind der Gesäßform angepaßt. Für Wildwasserfahrten kann man Sattelsitze und Gurte für eine sichere Sitzposition einbauen.

Kniepolster sind wichtig, da Sie zur optimalen Beherrschung Ihres Kanadiers oft knien werden. Einfache **Knieschoner** aus einem Handwerkermarkt leisten gute Dienste. Größere Polsterplatten, die das ganze Schienbein stützen, sind regelrechter Luxus. Man kann auch Polsterungen, z.B. aus festem Schaumstoff, fest in das Boot einkleben.

☺ Um bequem knien zu können, sollte sich der Sitz schräg stellen lassen.

Reparatur-Set

Vor einer Wanderfahrt stellen Sie sich am besten ein **Reparatur-Set** für das Material Ihres Bootes zusammen. Die Hersteller geben über die notwendigen Kleber und Harze Auskunft oder bieten sogar fertige Reparatur-Sets an. Eine Raspel und Schleifpapier sind ebenso nützlich wie eine große Rolle gutes **Gewebeklebeband**.

Letzteres erweist sich nach meiner Erfahrung immer wieder als überaus hilfreich zum vorläufigen Reparieren von kleinen Rissen im Boot. Des weiteren kann es dazu dienen, Löcher in der Persenning, das Zelt oder Ihre Regenbekleidung zu flicken. Wichtig ist, daß die zu klebenden Materialflächen absolut fettfrei und trocken sind. Etwas Wärme unterstützt die Haltbarkeit.

Auto und Dachgepäckträger

Zum Transport des Bootes genügen zwei einfache Querträger auf dem Autodach (Abb. 6). Beherrscht man die entsprechenden Knoten, kann man das Kanu mit einfachen Tauen in der Mitte und an den Enden darauf festbinden.

Einfacher und schneller lassen sich stabile Gurte mit Klauenschnallen um die Mitte festziehen. (Am besten kauft man sie gleich mit dem Boot zusammen in der richtigen Länge beim Händler.)

Vorne und hinten wird das Boot mit einem Gurt mit Klauenschnallen und mit einem Seil, das zwei Haken oder Karabiner an den Enden hat, gesichert. So läßt sich der Kanadier bei einer Kontrolle unterwegs problemlos nachgurten.

☺ Achten Sie bei der Verwendung von Seilen darauf, daß die Taue sich nicht wegen scharfer Kanten an den Stoßstangen durchscheuern.

Abb. 6

Kosten

Was eine solche Ausrüstung insgesamt kostet, zeigt die folgende Liste. Lassen Sie sich nicht abschrecken - Sie brauchen nicht alles sofort zu kaufen. Viele Dinge sind Extras, die Sie allerdings später einmal schätzen lernen werden (z.B. Persenning, gute Knieschoner, Bootswagen).

Liste der Ausrüstungsgegenstände für zwei Personen

Boot, neu	DM 2.000-2.500
2 Paddel, Kunststoff	DM 240
1 Ersatzpaddel, Holz	DM 60
2 Schwimmwesten	DM 300
2 Satz Knieschoner (einfach)	DM 30
oder 2 Knieplatten	DM 120
Persenning	DM 500
2 Spritzdecken	DM 120
Bootswagen	DM 250
Lenzgefäß	DM 10
2 Bootsleinen	DM 15
Treidelleine	DM 30
Reparatur-Set	DM 80
Dachgepäckträger	DM 170
Gurte für das Auto	DM 40

Paddeltechnik

✋ Bevor Sie in ein Boot steigen, sollten Sie schwimmen können - auch ohne Schwimmweste (☞ Auf Wanderfahrt, Notfälle).

Einen wichtigen Punkt für das Paddeln mit Gepäck möchte ich an dieser Stelle schon vorwegnehmen:

Der Trimm

Ihr Boot sollte immer waagerecht im Wasser liegen, so wie es auch liegt, wenn es leer ist. Oft besteht die Tendenz, das Boot hecklastig zu beladen. Das hat zur Folge, daß der Hintermann bei Seitenwind viel Kraft zum Steuern aufbringen muß, und daß die Seilfähre rückwärts (☞ Flüsse) kaum möglich ist (da das Heck von der Strömung herumgerissen wird).

Paddelt man eine längere Strecke gegen den Wind, kann es hilfreich sein, das Boot leicht buglastig zu beladen, bei Rückenwind eventuell umgekehrt (☞ Seen). In allen anderen Fällen sollte das Boot jedoch besser gleichmäßig beladen werden. Kalkulieren Sie dabei auch das unterschiedliche Körpergewicht der Paddler mit ein.

Fitneß

Kanuwandern ist kein Hochleistungssport. Im wesentlichen tut jeder, soviel er kann. Paddelt man zu zweit in einem Boot, kommt man auch bei ungleichem Kräfteverhältnis gleich weit vorwärts. Es ist allerdings wichtig, über eine gewisse Ausdauer zu verfügen, wenn es beispielsweise darum geht, einen See sicher und schnell zu überqueren.

Durchaus sinnvoll erscheint es mir, sich vor einer längeren Kanuwanderung an das Knien im Boot zu gewöhnen. Knien Sie sich vor der Fahrt zu Hause jeden Tag eine Viertelstunde auf den Boden. Das erleichtert Ihnen das Knien auf der Tour.

Sitzpositionen

Die beste Kontrolle über Ihren Kanadier erreichen Sie **im Knien**. Das ist ungewohnt für Beine und Gelenke, aber gut für den Rücken. In dieser Position kann man die Paddelschläge am effektivsten und kraftvollsten ausführen. Zudem liegt der Schwerpunkt des Bootes niedriger, es kippt nicht so leicht. Wie bereits erwähnt, lohnt es sich, das Knien zu Hause zu üben.

Kniend fährt man vor allem bei Wind und Wellen oder im Wildwasser, wenn es gilt, schnell präzise Manöver zu fahren. Es spricht nichts dagegen, sich während einer Fahrt auf ruhigem Wasser zwischendurch anders hinzusetzen - sei es normal sitzend oder mit einem Bein gestreckt und auf dem anderen kniend.

Einsetzen und Anlanden

Das Kanu wird mit einer Spitze (in Fließgewässern mit dem Heck zuerst) in das Wasser gesetzt. Am anderen Ende heben Sie es an und schieben es hinein. Dann drehen Sie das Boot parallel zum Ufer - mit der Strömung geschieht das ganz von selbst.

Schieben Sie das Boot schnell genug ins Wasser, sonst kentert es oder schlägt gegen das Ufer, bevor es überhaupt ganz im Fluß liegt.

Vom hohen Ufer kann man das Boot regelrecht mit einem Ende ins Wasser werfen. Das erfordert allerdings etwas Übung und Kraft.

Ihr Kanadier liegt nun parallel zum Ufer. Wenn möglich, sichert eine zweite Person das Boot. An Flüssen liegt das Boot mit dem Bug flußaufwärts, damit man es beim Einsteigen besser unter Kontrolle hat.

Wenn Sie einsteigen, setzen Sie den ersten Fuß in die Mitte des Bootes, greifen gleichzeitig mit den Händen die beiden

Süllränder und ziehen das zweite Bein nach. Stützen Sie sich mit dem ganzen Gewicht auf die Hände, dann können Sie bequem Ihre Beine in die Sitzposition bringen, ohne das Boot aus dem Gleichgewicht zu werfen.

Erlaubt es das Ufer, können Sie die **Paddelbrücke** anwenden: Das Paddel wird im rechten Winkel zum Boot über beide Süllränder und das Ufer gelegt, die Hände umgreifen den Paddelschaft und die Süllränder gleichzeitig. So entsteht ein fester Kontakt zum Ufer.

Beim Anlanden legt man mit dem Bug flußauf an, um wiederum das Boot besser unter Kontrolle zu haben. Zum Aussetzen des Bootes heben Sie das Heck an, während die Strömung den Bug herumtreibt. Sobald das Boot senkrecht zum Ufer steht, wird es herausgezogen. Bei Seegang oder in starker Strömung sollte das Kanu auch bei kurzen Pausen ganz aufs Land gezogen werden, damit es durch die Kraft des Wassers nicht gegen Steine oder Felsen gedrückt wird.

Fährt man zu zweit in einem Boot, dann steigt immer der flußauf Sitzende (also in der Regel der Vordermann) zuletzt ein und zuerst aus. Er sichert das Boot möglichst lange am Bug, das Heck wird durch die Strömung automatisch gegen das Ufer gedrückt. Da der Hintermann die bessere Steuergewalt hat, ist es für ihn einfach, das Boot am Ufer zu halten, während der Vordere ein- bzw. aussteigt.

Grundschläge

Beim Fahren eines Kanadiers sollten Sie in jedem Fall das Paddeln auf beiden Seiten beherrschen. Zwar läßt sich das Boot auch durch das Paddeln auf nur einer Seite in alle Richtungen lenken, aber es ist manchmal auf der anderen Seite einfacher und effektiver.

Zu zweit wird grundsätzlich auf den gegenüberliegenden Seiten im gleichen Takt gepaddelt. Das stabilisiert das Boot und den Kurs. Bei normaler Fahrt hat der Hintermann die größere Steuerkraft. Er ist derjenige, der den Kurs hält, während der Vordermann vor allem Antriebskraft liefert. Bei Wind oder im Wildwasser steuert der Vordermann ebenfalls und bestimmt zusammen mit dem Hintermann den Kurs.

☺ Üben Sie auch bei einem Zweierkanadier die Schläge zunächst für sich allein im Boot. Dazu reicht es meistens, wenn Sie sich rückwärts hinter die Vorderbank eines Zweierkanus setzen und mit dem Heck voraus fahren. So liegt der Schwerpunkt fast in der Mitte.

Sie können sich aber auch einfach ohne Sitzbank in die Mitte des Kanadiers knien. Setzen Sie sich dann zu der Seite hinüber, auf der Sie paddeln wollen, so daß sich das Boot leicht zur Seite neigt. Dadurch verkürzt sich die Wasserlinie, und das Boot reagiert leichter auf Ihre Steuerschläge.

Die folgenden Schläge werden für einen Einzelpaddler beschrieben. Auf die Kombinationen und Variationen beim Paddeln zu zweit werde ich später eingehen.

Der J-Schlag

Er ist der wichtigste, gleichzeitig vielleicht schwierigste Schlag. Mit ihm steuert man das Boot zu der Seite, auf der man selbst paddelt (= Aktionsseite). Wenn Sie rechts sitzen, wird das Paddel vorne rechts senkrecht eingetaucht. Dazu führen Sie die linke Hand weit zur rechten Bootsseite herüber, damit das Paddel dicht am Boot eintaucht (Abb. 7a). Je dichter das Paddel am Boot vorbeigeführt wird, desto weniger giert der Kanadier nach links.

Nun ziehen Sie das Paddel nach hinten durch und beenden den Schlag, indem Sie die linke Hand nach außen drehen (der Daumen zeigt dabei nach unten, Abb. 7b). So kommt das Paddel parallel zum Boot zu stehen, und die rechte Hand kann dieses nach außen drücken, um das Boot nach rechts zu lenken.

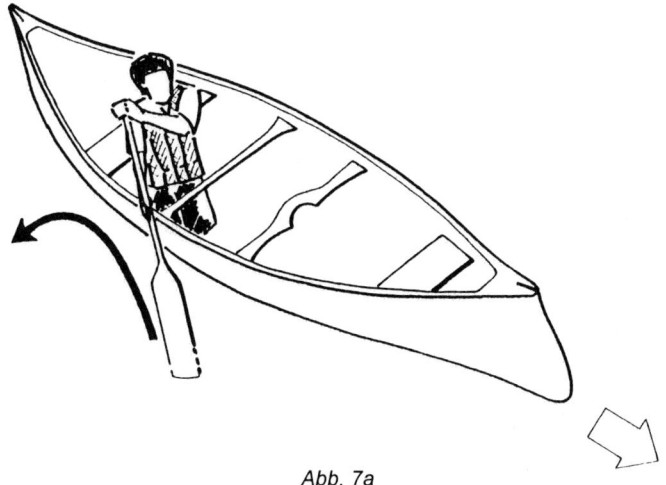

Abb. 7a

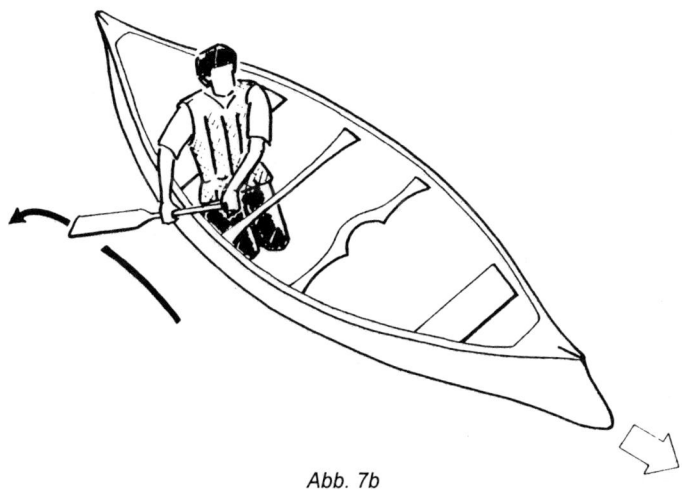

Abb. 7b

Das Paddel beschreibt ein "J" im Wasser (Abb. 7c). Anschließend wird es parallel zur Wasseroberfläche wieder nach vorne geführt, um dem Wind keine Angriffsfläche zu bieten. Für die linke Seite funktioniert das Ganze entsprechend. Wollen Sie die Steuerkraft verstärken, können Sie das Paddel auch über das Dollbord (die Bootskante) hebeln. Wer den Schlag beherrscht, muß nur wenig Kraft zum Steuern aufwenden.

Wichtig ist, daß beim J-Schlag der Daumen der Hand am Schaftende nach außen zeigt. Die aktive Paddelseite (d.h. die gegen das Wasser gedrückte Seite) darf bei diesem Schlag nicht wechseln.

Variationen des J-Schlages
Zum J-Schlag gibt es viele Variationen. Aus dem "J" wird ein "C", wenn man am Beginn des Schlages, weit vorne, erst zum Boot hinzieht. Dadurch verstärkt sich der Steuereffekt zur Paddelseite hin (Abb. 7d).

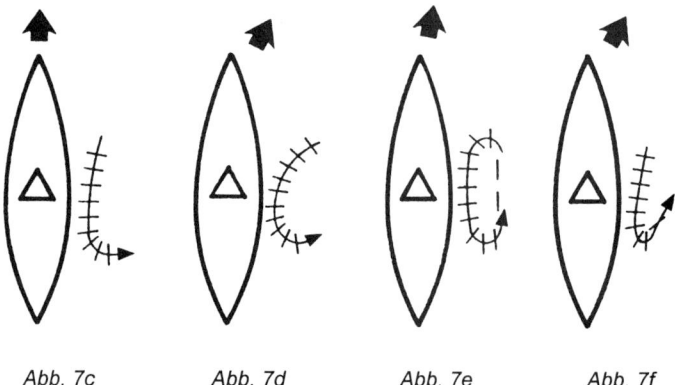

Abb. 7c   Abb. 7d   Abb. 7e   Abb. 7f

Bei langsamer Fahrt kann man den C-Schlag zum lautlosen Indianer-Schlag perfektionieren. Dabei wird das Paddel nicht aus dem Wasser genommen, sondern es schneidet parallel zum Boot **im** Wasser nach vorne. Das Paddel beschreibt einen Kreis, die Hand am Paddelende muß dabei umgreifen (Abb. 7e).

Eine weitere Variante hinsichtlich der Steuerwirkung ergibt sich, wenn das Paddel am Ende des Grundschlages verdreht nach vorn gezogen wird, um neben dem Paddler aus dem Wasser zu schnellen. Bei dieser Schlagtechnik wird beim Vorziehen des Paddels die passive Seite zur aktiven: man spricht vom kanadischen Schlag, oder auch vom "Messerschlag" (Abb. 7f).

Wenn Sie diese Grundschläge beherrschen, ist das meiste geschafft. Allerdings kann es sehr lange dauern, bis man einen J-Schlag wirklich mit Leichtigkeit auszuführen vermag. Gerade der Bogen am Ende des Schlages kann fast mühelos das Steuern ermöglichen, auch wenn Sie das nach den ersten Versuchen kaum glauben werden.

Der Bogenschlag (Abb. 8)
Bei diesem Schlag wird das Paddel in einem weiten Bogen geführt; das Boot bewegt sich von der Paddelseite weg. Der Bogenschlag ist der wohl einfachste Schlag.

Die im folgenden erläuterten Schläge ermöglichen ein schnelleres Manövrieren als mit den bisher beschriebenen Steuerschlägen. Unter Fahrt kann man mit ihnen zusätzlich die Energie des vorbeiströmenden Wassers nutzen, um die Drehung des Bootes zu beschleunigen.

Der Ziehschlag (Abb. 9)
Beim Ziehschlag wird das Paddel ein Stück vom Boot entfernt angesetzt und im rechten Winkel zum Kanu hingezogen. Ein stehendes Boot können Sie so gleichmäßig zur Paddelseite hin versetzen. Wird der Ziehschlag weiter vorn begonnen und das Paddel vorne ans Boot herangeführt, dreht sich der Kanadier zur Paddelseite.

Abb. 8

Abb. 9

Wird der Schlag dagegen hinter der Bootsmitte angesetzt, dreht sich der Bug von der Paddelseite weg.

Der Hebelschlag (Abb. 10)
Anders als beim Ziehschlag nutzt man bei diesem Schlag das Dollbord, um das Paddel zu führen. Es taucht direkt am Boot ein und wird vom Boot weggehebelt. In der Mitte ausgeführt, bewirkt dieser Schlag ein seitliches Versetzen zur entgegengesetzten Seite. Vor der Mitte ergibt sich ein Drehen von der Paddelseite weg, hinter der Mitte ein Drehen zur Paddelseite hin.

Wendet man den Hebel unter Fahrt an, kann es kippelig werden. Beim Ansetzen des Schlages müssen Sie sich von der Paddelseite weglehnen.

Für Zieh- und Hebelschläge gilt: Je weiter vorne oder hinten ausgeführt, desto größer ist die Hebelwirkung und desto leichter dreht sich das Boot.

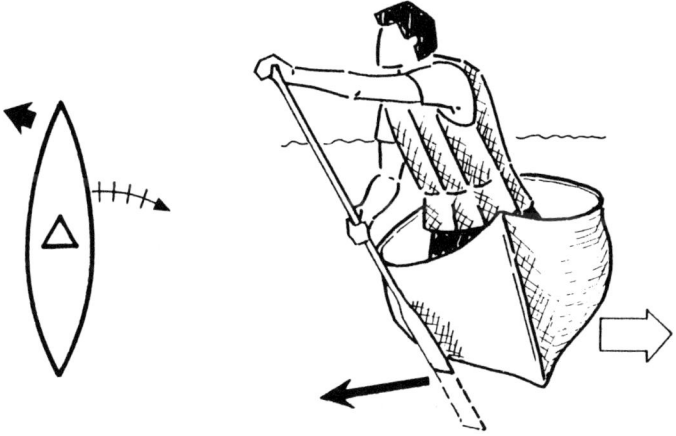

Abb. 10

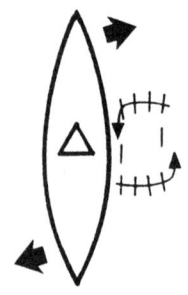

Kombination von Hebel- und Ziehschlag (Kastenschlag)

Um das Boot zu drehen, kann man beide Schläge kombinieren: Bugzug und Heckhebel drehen z.B. das Boot zur Paddelseite hin.

Man verbindet dann die beiden Schläge, indem das Paddel senkrecht und parallel zum Boot nach vorne bzw. nach hinten gezogen wird, d.h. es beschreibt im Wasser ein Rechteck (Abb. 10a).

Abb. 10a

Übergreifen (Abb. 11)

Statt eines Hebelschlages kann man auch übergreifen. Dabei wird das Paddel auf die andere Bootsseite geführt, um einen Ziehschlag anzubringen. Wichtig ist, die Hände nicht zu wechseln.

Um den Schlag gut auszuführen, muß der Oberkörper weit gedreht werden. Da die Hände nicht getauscht werden, ist der Seitenwechsel sehr schnell durchführbar.

Wriggen (Abb. 12)

Das Wriggen ist eine weitere Möglichkeit zum seitlichen Versetzen des Kanus. Das Paddel wird dabei fast parallel zum Boot hin- und herbewegt. Es beschreibt eine Acht im Wasser. Der Anstellwinkel von etwa 45° bringt den erforderlichen Druck auf das Paddel, um das Boot zur Seite zu ziehen.

Stellt man das Paddel in der entgegengesetzten Richtung an, so ist ein Drücken des Bootes möglich. Man kann also durch Wriggen sowohl ziehen als auch hebeln.

Der Vorteil des Wriggens liegt in der Stabilisation des Bootes. Das Paddel muß nicht aus dem Wasser genommen werden wie bei einem Zieh- oder Hebelschlag. Gekonntes Wriggen erfordert jedoch einige Übung.

Abb. 11

Die Paddelstütze

Diese Paddeltechnik ist das wichtigste Hilfsmittel, wenn es einmal kippelig wird. Sie dient dazu, das Boot zu stabilisieren, ganz wie der Ausleger eines Einbaumes. Viele Wildwassermanöver sind ohne die Paddelstütze nicht denkbar.

In entsprechenden Situationen geht die Stütze meist in einen anschließenden Paddelschlag über, so beispielsweise

35

Abb. 12

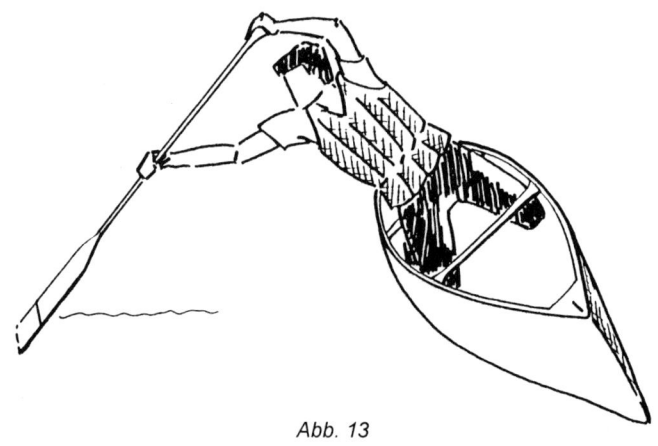

Abb. 13

beim Ein- und Ausfahren in ein bzw. aus einem Kehrwasser. Doch zunächst folgt die Beschreibung der beiden Arten dieses "Auslegers".

Hohe Paddelstütze (Abb. 13)

Wie in der Zeichnung dargestellt, wird die führende Hand am Ende des Paddels hoch über den Kopf gestreckt, dann setzen Sie das Paddel weit entfernt vom Boot ein und ziehen es langsam zum Boot hin, oder Sie stabilisieren es durch Wriggen. Unter Fahrt läßt sich der Druck auf das Paddel durch den Anstellwinkel zur Strömung regulieren.

Am besten üben Sie die hohe Paddelstütze zunächst bei stehendem Boot. Versuchen Sie, nach und nach immer mehr Gewicht auf das Paddelblatt zu legen. Es muß dabei allerdings in Bewegung sein! Sie werden feststellen, daß Sie das Boot sehr weit zur Seite kippen und doch sicher wieder aufrichten können.

Flache Paddelstütze (Abb. 14)

Während bei der hohen Version dieser Paddeltechnik, wie zumeist üblich, die aktive Seite des Paddels zum Einsatz kommt, ist es hier die passive. Die führende Hand bleibt vor dem Körper, und das Paddel wird flach auf das Wasser gelegt.

Unter Fahrt (und nur dann zeigt die flache Paddelstütze eine hinreichende Wirkung) gleitet das Paddel wie eine Tragfläche über das Wasser hin. Wenn nicht mehr genug Schwung vorhanden ist, muß das Paddel durch Wriggen stabilisiert werden.

Bei der flachen wie bei der hohen Stütze gilt: Erst das volle Gewicht auf dem Paddel bringt den größtmöglichen - und im Notfall erwünschten - Effekt.

Werden Sie vor ein Hindernis getrieben, führen Sie die Paddelstütze immer zum Hindernis hin aus! Das Boot wird so mit dem Boden zur Strömung gekantet und kann nicht voll Wasser laufen.

Abb. 14

Kombinationsschläge mit der Paddelstütze

Nachdem das Kanu mit einer hohen Paddelstütze erfolgreich stabilisiert wurde, läßt sich gut ein kräftiger Ziehschlag anschließen. Auf diese Weise wird das Boot zur Paddelseite hingezogen, ohne daß zu einem neuen Schlag angesetzt werden muß.

Das vorbeiströmende Wasser wird zur Stabilisation und gleichzeitig zum Heranziehen des Bootes genutzt. Auch bei einem Hebelschlag kann man die Fahrt nutzen und das Paddel anwinkeln, so daß das Boot von der Paddelseite weggedrückt wird (**Preßschlag**).

Weitere Kombinationen, insbesondere mit der hohen Paddelstütze, sind denkbar. Wichtig ist jeweils, daß Sie das Paddel nicht aus dem Wasser nehmen, sondern den nächsten Schlag unmittelbar an die Paddelstütze anschließen.

Rückwärtspaddeln

Um sich vor einer Stromschnelle oder einem anderen Hindernis zu orientieren oder die Seilfähre (☞ Flüsse) anzuwenden, ist es notwendig, auch in der Rückwärtsbewegung die Kontrolle über das Kanu zu behalten. Es werden die gleichen Schläge wie beim Vorwärtsfahren angewendet, eben nur in entgegengesetzter Richtung.

Beim J-Schlag beginnen Sie also hinten und beenden ihn vorne durch den Steuerbogen nach außen. Beim Paddeln zu zweit hat nun der Vordermann die Steuerposition inne.

Paddeln zu zweit

Wenn beide Paddler einfache Triebschläge machen, giert das Boot leicht zur Paddelseite des Vordermannes. Deshalb steuert der Hintermann auch auf gerader Strecke mit dem **J-Schlag** gegen, während der Vordermann v.a. für Vortrieb sorgt (Abb. 15a).

Der Hintermann steuert mit einem starken J-Schlag (oder den Variationen dazu) und mit dem Bogenschlag nach rechts oder links.

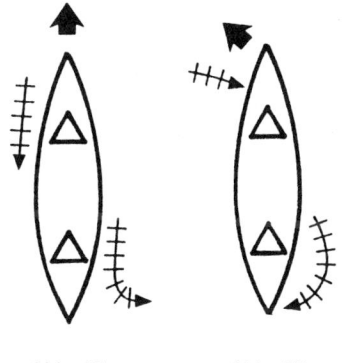

Abb. 15a   *Abb. 15b*

Beim Anlegen oder dem engen Umfahren von Hindernissen, vor allem aber im Wildwasser, steuert ebenfalls der Vordermann. Beide Paddler ergänzen sich zu einem Team.

Ein **Ziehschlag vorne** und ein **Bogenschlag hinten** bringen das Boot um die Kurve zur Paddelseite des Vordermannes (Abb. 15b). Ziehen beide Paddler auf entgegengesetzten Seiten, so geht es noch schneller, allerdings verliert das Boot dabei etwas an Fahrt.

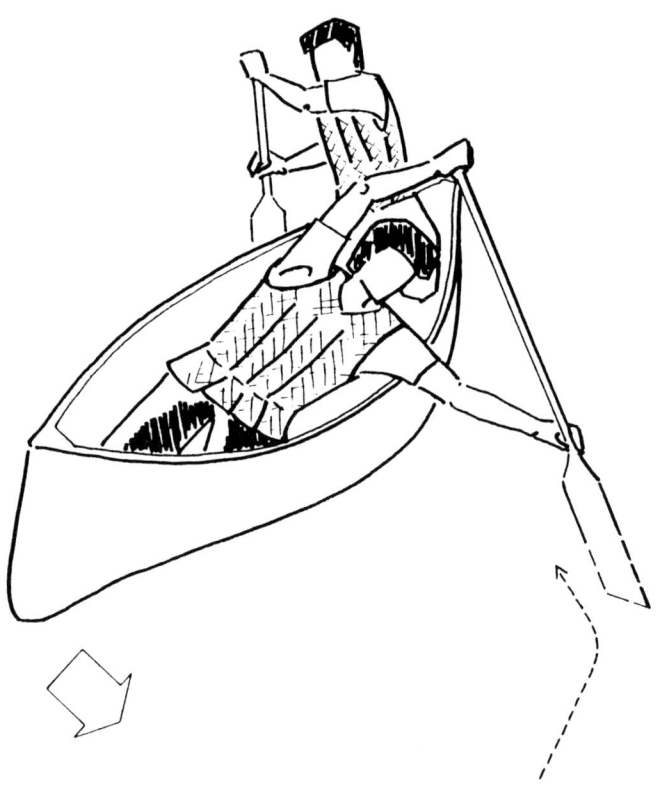

Abb. 15

Erst unter Fahrt kann man zur hohen Paddelstütze ansetzen, um das vorbeiströmende Wasser zum Steuern des Bootes zu nutzen (Abb. 15), und anschließend dann in einen Ziehschlag übergehen (Abb. 16).

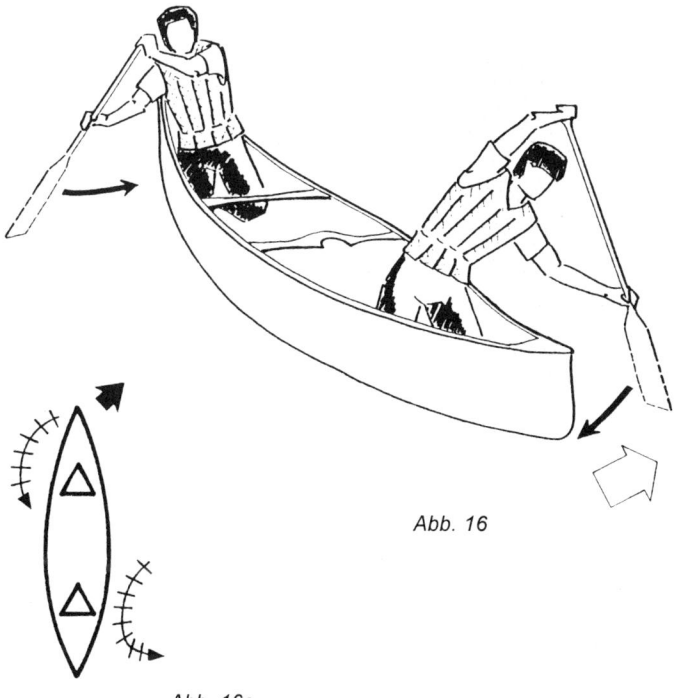

Abb. 16

Abb. 16a

Der **Bogenschlag** wird auch vom Vordermann genutzt. Während der Hintermann die größte Steuerwirkung am Ende dieses Schlages erzielt (er führt das Paddel weit hinten zum Boot), hat der Vordermann vorne, am Beginn des Schlages, die größte Möglichkeit zur Einflußnahme.

41

Eine Kurve zur entgegengesetzten Seite, vom Vordermann aus gesehen, fährt man mit einem **Bogenschlag vorne** und einem kräftigen **J-Schlag hinten** (Abb. 16a). Die Kurve wird enger, wenn man hinten und vorne einen **Hebelschlag** ansetzt.

🖐 Dabei ist Vorsicht geboten, da diese Schläge nicht gerade stabilisierend wirken.

Statt zu hebeln, kann der Vordermann auch **übergreifen** und auf der anderen Seite ziehen, während der Hintermann die Fahrt zunächst dazu nutzt, um einen Preßschlag anzubringen (Abb. 17).

Wenn Sie das Boot seitlich versetzen wollen, geht das mit einem **Hebelschlag** auf der einen und einem **Ziehschlag** auf der anderen Seite (Abb. 17a). Beide Schläge sollten möglichst gleichmäßig ausgeführt werden!

Seen

Bei einer Kanufahrt auf größeren Seenflächen ist gegen eine Prise frischen Wind von hinten sicherlich nichts einzuwenden. Wenn Sie einen Regenschirm als Segel benutzen, wird daraus sogar ein Spaß. Einen stürmischen See sollten Sie im Kanadier aber meiden!
Hier haben allenfalls Seekajaks ("Eskis") ihren Einsatzbereich - aber auch nur, wenn ein erfahrener Kanute darin sitzt. Ab Windstärke 6 wird es für jeden Kanu- und Kajakfahrer problematisch, einen See zu überqueren.

Wenn Sie von einem Unwetter überrascht werden (was eigentlich nicht passieren dürfte, wenn Sie das Wetter stets beobachten), suchen Sie so schnell wie möglich das schutzbringende Ufer auf und warten eine Besserung ab. Kommt ein Unwetter plötzlich, ist es wahrscheinlich auch schnell wieder vorbei.

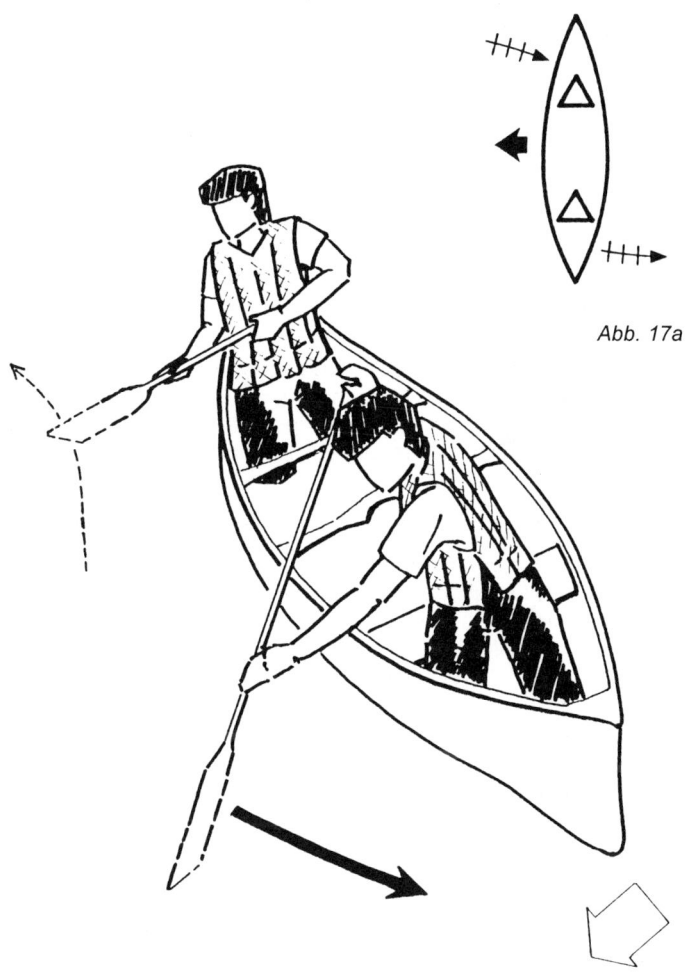

Abb. 17a

Abb. 17

✋ Paddeln Sie nie (und schon gar nicht ohne Schwimmweste!) auf einer großen Wasserfläche weit entfernt vom Land, vor allem nicht im Frühjahr, wenn das Wasser noch sehr kalt ist.

Für sogenannte **"Salzwasserfahrten"** an Meeresküsten ist der Kanadier nicht geeignet. Grundsätzlich ist es möglich, auf der (bei lauem Wind!) recht angenehmen Dünung der Nord- oder Ostsee dahinzuschippern. Dazu sind jedoch besondere Erfahrung sowie Kenntnisse über die Gezeiten und die mit ihnen verbundenen Strömungsverhältnisse erforderlich.

Frischt der Wind auf, erweisen sich Kanadier auf hoher See meist als recht windanfällig. Im übrigen gilt das bereits weiter oben Gesagte über die Überquerung großer Wasserflächen.

Je nachdem, wie der Kanadier beladen ist, verhält er sich unterschiedlich zum Wind. Das leichtere Ende wendet sich stets vom Wind ab, da es nicht so tief im Wasser liegt und mehr Angriffsfläche bietet. Bei gleichmäßigem Trimm stellt sich das Boot dagegen quer zum Wind (Abb. 18).

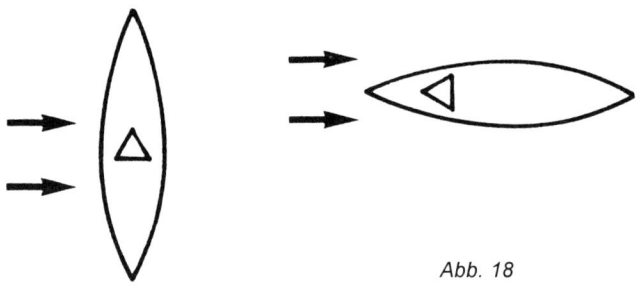

Abb. 18

Wenn Sie mit einem hecklastigen Kanu in den Wind paddeln, werden Sie es schwer haben. Verlagern Sie den Schwerpunkt lieber nach vorne. Nun dreht sich das Boot ganz von selbst in den Wind.

Bei Seitenwind in einem hecklastigen Boot sollte der hintere Paddler auf der Lee-Seite (also der vom Wind abgewandten Seite) paddeln. Dank seines größeren Einflusses auf den Kurs kann er den Winddruck ausgleichen und braucht darüber hinaus keine Steuerschläge anzubringen.

Sie können Ihr Boot also stets so trimmen, daß es leicht fällt, eine bestimmte Richtung zum Wind zu halten.

Flüsse

Paddelt man auf einem Fluß, sollte man sich stets die **Strömungsverhältnisse** vor Augen halten.

In der Mitte, über der tiefsten Stelle des Flußbettes, fließt das Wasser am schnellsten, nahe am Ufer langsamer. In Kurven ist die Fließgeschwindigkeit außen am größten. Dort ist das Wasser meist tief und das Ufer steil (**Prallhang**), während in der Innenkurve flache Stellen zu erwarten sind (**Gleithang**, Abb. 19). Hier wird wegen der geringeren Fließgeschwindigkeit Sediment abgelagert. Oft entstehen an der Innenseite sogar Kehrwässer. Dann fließt das Wasser in der Innenkurve in entgegengesetzter Richtung flußaufwärts.

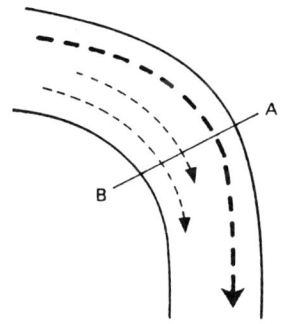
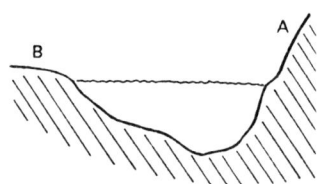

Abb. 19

Außerdem hängt die **Fließgeschwindigkeit** von der Wassermenge, dem Querschnitt des Flusses (also Tiefe und Breite) und dem Gefälle ab. Je breiter und tiefer, desto langsamer fließt der Fluß und umgekehrt. Je größer das Gefälle, desto schneller die Strömung und desto flacher das Wasser.

Wenn Hindernisse im Fluß auftauchen (meist sind es Steine und Felsen), gilt es, die Zeichen an der Wasseroberfläche richtig zu deuten (Abb. 20). Wasser, welches an einem Stein vorbeifließt, wird V-förmig gespalten (A). Ebenso bildet sich hinter Steinen, die dicht unter der Oberfläche liegen, ein schäumendes, flußauf weisendes "V" (B). Diese Stellen müssen Sie meiden.

Oft lassen sich freie Durchfahrten zwischen Hindernissen in Form dunkler, flußab gerichteter "Vs" finden (C).

Bei starker Wasserführung bilden sich hinter einer Durchfahrt regelmäßige **Widerwellen**, die allerdings nicht auf Steine hinweisen, sondern tiefes Wasser andeuten (D). Es ist wichtig, Widerwellen von den Wellen überronnener Steine unterscheiden zu können.

Hinter nicht überspülten Steinen finden sich Zonen ruhigen, leicht flußauf strömenden Wassers. Diese bezeichnet man als **Kehrwässer** (E). Zwischen dem Kehrwasser und dem Hauptstrom entsteht eine Wirbelzone. Über Baumstämmen oder Wehren bilden sich regelmäßige Strömungsmuster (F, ☞ Hindernisse, Brücken und Wehre).

Zur Klassifizierung des Schwierigkeitsgrades werden auch bei Flußwanderstrecken in Flußführern oft Angaben anhand einer Wildwasserskala gemacht. Die Schwierigkeitsstufen sind von I (leicht) bis VI (extrem schwierig bzw. unfahrbar) eingeteilt. Mit einem beladenen Kanadier auf Wanderfahrt ist, je nach Können und Erfahrung, Wildwasser III sehr problematisch, eventuell jedoch noch fahrbar.

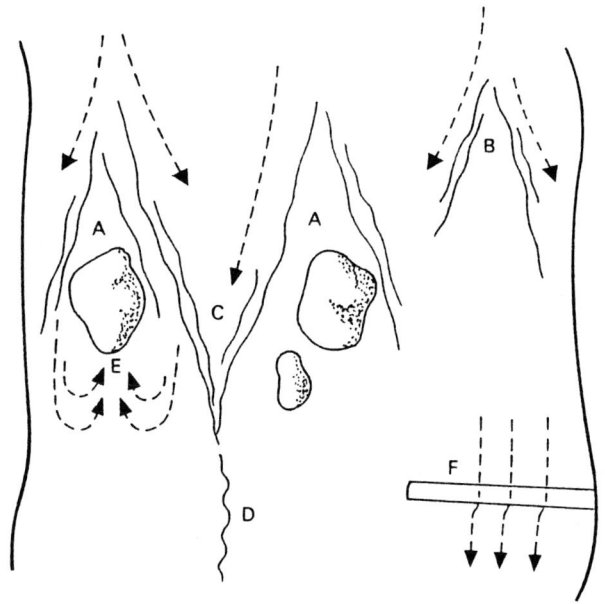

Abb. 20

Beachten Sie, daß ein Fluß seinen Charakter je nach Wasserstand sehr verändern kann. Einige Flüsse sind bei Niedrigwasser schwieriger zu befahren, weil Hindernisse (Steine, Pfähle) auftauchen, die bei Mittelwasser noch überfahren werden konnten. Andere Flüsse werden bei Hochwasser zu tosenden Wildbächen von enormer Gewalt. Flußbeschreibungen können also sehr unterschiedlich ausfallen, je nachdem, bei welchem Wasserstand der Fluß befahren wurde.

☺ Sind Sie sich nicht im klaren über die Strömungsverhältnisse, kann es helfen, ein Stück Holz ins Wasser zu werfen. Es wird Ihnen zeigen, wie die Strömung verläuft.

Geht Ihre Fahrt durch **Wildwasser**, sind zusätzliche Sicherheitsmaßnahmen notwendig:

✳ Fahren Sie nur zu mehreren Booten.
✳ Wurf- und Rettungsleinen gehören hierbei zur Ausrüstung.
✳ Das Tragen eines Helmes ist Pflicht.
✳ Ihr Gepäck muß teilweise umtragen werden, um das Boot zu erleichtern.

Das technisch äußerst anspruchsvolle Fahren mit dem Kanadier im Wildwasser soll in diesem Buch jedoch nicht im einzelnen behandelt werden. Ich möchte lediglich die beiden wichtigsten und absolut grundlegenden Manöver der **Wildwassertechnik** näher erläutern, da sie auch dem Wanderfahrer häufig gute Dienste leisten.

In Kehrwässern, die sich meist am Rande eines Flußlaufes oder auch hinter großen Steinen in der Flußmitte bilden, strömt das Wasser - für den Laien zunächst überraschend - sozusagen "bergauf". Man kann Kehrwässer daher nutzen, um eine Pause einzulegen, die nächsten Manöver zu planen oder den Fluß zu überqueren, indem man von der einen Seite in ein Kehrwasser einschwingt und es zur anderen Seite wieder verläßt.

Beim **Einfahren in ein Kehrwasser** muß man die Paddelstütze beherrschen. Eigentlich ist der Vorgang relativ einfach. Aber es ist doch allzu blamabel, wenn man ins kühle Naß fällt. Meine erste Kenterung war übrigens in genau solch einer Situation. Wir hatten die Stelle vorher genau angeguckt, waren aber nur einen Moment unaufmerksam, und schon lagen wir im Wasser. Zum Glück hatten wir das Gepäck im Kanu gut festgebunden und waren nicht weit vom Ufer entfernt.

Beim Einfahren in ein Kehrwasser (z.B. rechter Hand) wird das Boot, sobald es quer zur Strömung steht und mit dem Bug bereits ins Kehrwasser gelangt, zur Außenkurve (d.h. in diesem

Fall nach links, flußabwärts hin) kippen wollen. Stabilisieren Sie sich rechtzeitig mit einer Paddelstütze auf der Innenseite.

Betrifft das den Vordermann, so kann die hohe Paddelstütze mit einem Ziehschlag kombiniert werden, während der Hintermann mit einem Bogenschlag das Boot herumtreibt (Abb. 21).

Dabei ist darauf zu achten, daß die Stütze nicht an der Wirbelzone zwischen den beiden Strömungsrichtungen angesetzt wird. Hier findet man keinen Halt.

Die beste Wirkung erhält man beim Einschwingen im Kehrwasser und beim Ausschwingen in der Strömung.

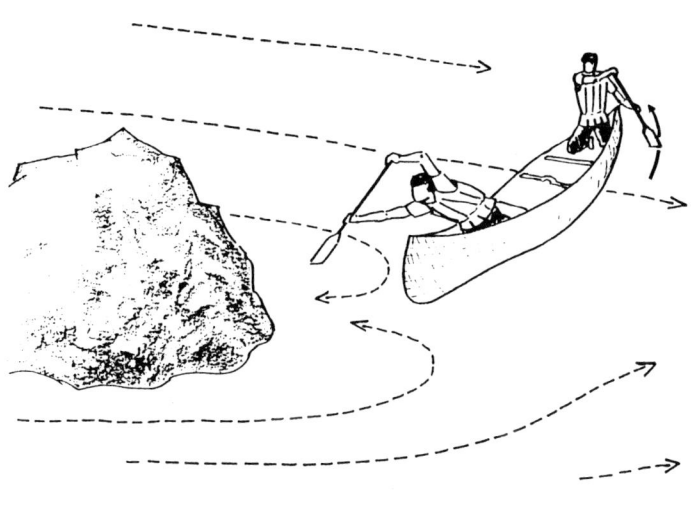

Abb. 21

Das Einschwingen zur Paddelseite des Hintermannes ist viel schwieriger. Hier fährt der Hintermann eine flache Paddelstütze mit äußerster Kraft, während der Vordermann einen Hebel ansetzt, um das Boot herumzubekommen (Abb. 22).

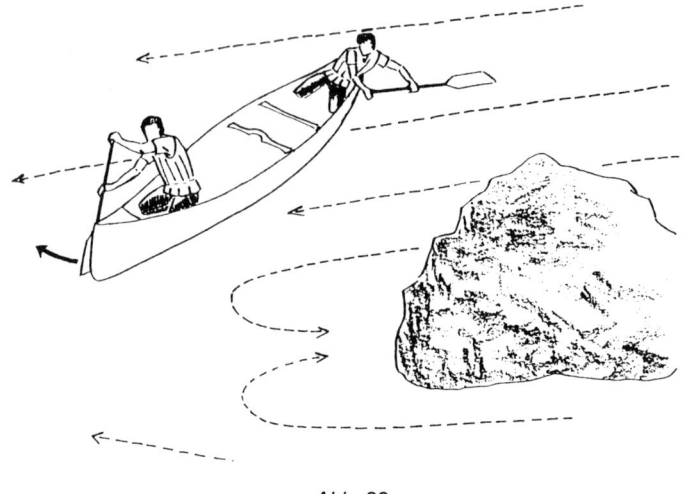

Abb. 22

Das **Ausfahren aus dem Kehrwasser** erfolgt wie das Einfahren. Wiederum versucht das Boot, zur Außenseite der Kurve, die Sie beschreiben wollen, zu kippen. Es gehört etwas Erfahrung dazu, reibungslos ein- und auszuschwingen.

Viel hängt vom Vortrieb ab: Ist man zu langsam, dreht sich das Boot nur in der Strömung, und man fährt plötzlich rückwärts, ohne das Kehrwasser erreicht zu haben. Beim Ausschwingen bleibt man im Kehrwasser gefangen und blickt stromab.

Ist man beim Ausschwingen zu schnell mit dem ganzen Boot in der Hauptströmung, schafft man die Drehung nicht und macht eine Seilfähre über den Fluß.

Damit ist das Stichwort für die zweite wichtige Technik im Wildwasser gefallen: die **Seilfähre**. Damit kann man einen Fluß überqueren, ohne an Höhe zu verlieren.

Bei der Seilfähre macht man sich die Strömung zunutze (Abb. 23). Nehmen wir an, Sie wollen von der einen Seite des Flusses zur anderen gelangen. Ihr Kanu liegt flußauf (A). Es wird mit dem Bug in einem spitzen Winkel in die Strömung gestoßen. Nun gilt es, so zu paddeln, daß das Boot nicht flußabwärts getrieben wird, wobei gleichzeitig der Winkel zur Strömung einzuhalten ist (B). Die Strömung drückt das Boot wie eine Seilfähre zum anderen Ufer.

Beim Erreichen des anderen Ufers müssen Sie den Kanadier nur noch mit einem kurzen Ziehschlag am Heck ans Ufer heranziehen (C und D). Ist der Winkel zur Strömung zu spitz, bleibt das Boot auf der Stelle stehen. Ist er dagegen zu groß, wird es herumgerissen.

Die Seilfähre rückwärts funktioniert entsprechend, ist aber in der Ausführung deutlich schwieriger. Hier müssen Sie mit dem Boot rückwärts paddeln und steuern können.

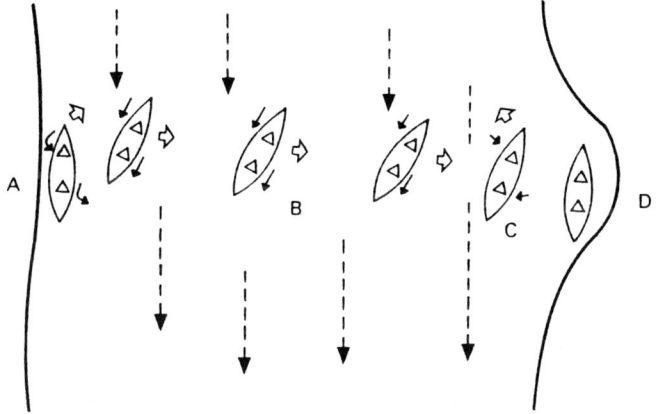

Abb. 23

1980   15 Jahre Conrad Stein Verlag   1995

Die Vorbereitung der großen Fahrt

Zielauswahl und Planung

Bei der Wahl Ihres Urlaubszieles werden Sie die verschiedensten Gesichtspunkte berücksichtigen. Eines ist sicher: Das Ziel, das Sie schließlich anstreben, wird fast immer einen Kompromiß darstellen. Folgende Gesichtspunkte spielen dabei u.a. eine Rolle:

* Wie ist das Klima zu Ihrer Reisezeit (Temperaturen, Niederschläge)?
* Wollen Sie auf Seen, Flüssen oder im Wildwasser paddeln?
* Soll es eine Rundtour werden oder eine Fahrt in eine Richtung?
* Wollen Sie die einsame Wildnis kennenlernen und viel Gepäck mitnehmen, oder schätzen Sie die Möglichkeit, zwischendurch einkaufen zu gehen und Sehenswürdigkeiten anzuschauen?
* Reisen Sie in ein Gebiet mit oder ohne Routenbeschreibung?
* Wie steht es mit den Möglichkeiten zur Rückkehr bei einer Panne?
* Wie sind die Wasserstände zu Ihrer Urlaubszeit?
* Wie sind die Zeltmöglichkeiten beschaffen?
* Ist die Trinkwasserversorgung gesichert?

Beschaffen Sie sich **Informationen** über die Gebiete, die in Frage kommen. Sie können an die jeweiligen Fremdenverkehrsämter schreiben, bei besonderen Ländern auch an die Botschaften direkt.

Der DKV (Deutsche Kanuverband) hat verschiedene Kanuführer für das In- und Ausland herausgegeben (☞ Anhang, Weiterführende Literatur).

Geographische Buchhandlungen beraten Sie gern, bieten eine große Auswahl von Reisehandbüchern an und wissen in aller Regel auch, wo **Kartenmaterial** zu beschaffen ist (☞ Anhang, Geographische Buchhandlungen).

Zur ersten Orientierung reichen zunächst Übersichtskarten. Später, beim Paddeln, sind jedoch genauere Karten mit einem Mindestmaßstab von 1:100.000 unerläßlich. 1:50.000 ist noch besser, gerade wenn es unübersichtlich wird, z.B. auf großen Seen mit vielen Inseln.

Nach meiner Erfahrung ist es in aller Regel nicht teurer, topographische Karten bereits in Deutschland zu kaufen (vorausgesetzt, man kann sie bekommen) und nicht erst am Zielort selbst. So spart man sich auch die oft langwierige Suche nach dem entsprechenden Geschäft. Haben Sie Ihr Kartenmaterial bereits zur Hand, können Sie schon vor Beginn der Reise genau planen und sich ausmalen, wie schön es werden wird.

Auf der Fahrt gehören die Karten in eine durchsichtige Hülle aus reißfestem Material, die wasserdicht verschlossen werden kann. Die guten Kartentaschen sind zwar teuer (DM 25 bis 30), aber man muß dafür auch nicht nach jedem Urlaub eine neue kaufen.

☺ Planen Sie **Reservetage** ein. Die Strecke für eine Woche sollte auch in fünf Tagen zu schaffen sein. So kann es ruhig einmal einen Tag lang regnen oder stürmisch sein, ohne daß Sie trotzdem unbedingt weiterziehen müssen.

Als Richtwert rechnen wir zu zweit mit etwa 20 bis 25 km am Tag auf Seen und langsam fließenden Flüssen. Das ist ein gemütliches Tempo. Es läßt genügend Zeit für eine ausgiebige Mittagspause, eine Exkursion in die Umgebung des Zeltplatzes oder die Besichtigung einer Sehenswürdigkeit. Vielleicht wollen Sie auch angeln.

Auf Fließgewässern ohne Wildwasser kann man größere Strecken zurücklegen. Hier sind 50 km am Tag oft kein Problem.

HOF & TURECEK Ges.m.b.H.

EXPEDITIONSSERVICE

A-1150 WIEN, MARKGRAF RÜDIGER-STR. 1
TEL (0222) 982 23 61, 985 21 74, FAX 982 19 21

BEKLEIDUNG:

THE OUTDOOR EXPERTS

A-1150 WIEN, REITHOFFERPLATZ 5, 1700/MBf
TEL (0222) 984 27 80

Herrn
Jürgen Gindl

Campingstraße 4
32264 Gresten

RECHNUNG

Menge	Artikel-Bezeichnung	Einzelpreis	Summe	MWSt.
1	APS Alpamayo 80 + 20; Lowe	3.690,--	3.690,--	20%
1	Kanuwandern,Stein	100,--	100,--	10%

enth. MWSt: 624,82   VISA   Endbetrag: 3.790,-- ÖS

Reklamationen nur innerhalb von 10 Tagen,
Umtausch nur innerhalb von 14 Tagen nach
Empfang der Ware.

Sind Sie der **Sprache** Ihres Gastlandes mächtig? In vielen Gegenden kommen Sie mit Englisch schon sehr weit. In entlegenen Gebieten ist es trotzdem gut, ein paar Brocken der Landessprache zu kennen und ein kleines Wörterbuch dabei zu haben.

Jeder wird sich freuen, wenn Sie versuchen, in seiner Sprache zu reden. Vielleicht öffnen ein paar Worte in der fremden Sprache Ihnen die Tür zu einem schönen Campingplatz auf privatem Grund.

Packliste

Die erste Frage beim Zusammenpacken ist, ob man nun auch an alles gedacht hat. Dazu kann Ihnen die Liste im Anhang eine Hilfe sein. Die **Packliste** erweitert sich je nach Länge der geplanten Tour um die entsprechende Menge an Nahrungsmitteln.

Die zweite und nicht minder wichtige Frage ist, ob auch alles in Ordnung ist. Wenn Sie die nachstehenden Bemerkungen lesen, denken Sie daran, daß alle Gegenstände voll funktionstüchtig sein müssen. Überprüfen Sie dies. Am besten ist es natürlich, nach einer Reise jeweils sofort die Ausrüstung wieder zu reparieren und zu vervollständigen.

✱　Für den optimalen **Transport des Bootes** auf dem Autodach brauchen Sie am besten zwei stabile Gurte mit Klauenschnallen und zwei Seile mit Haken sowie zwei kleine Gurte mit Klauenschnallen (☞ Zubehör, Auto und Dachgepäckträger).

✱　Auf Wanderfahrt verstauen Sie **Wertsachen** am besten in einem wasserdichten Sack, der gut und sicher angebunden wird. Sind wir nicht im Boot, trage ich einen Brustbeutel immer bei mir.

Übertriebene Vorsicht? Vielleicht. Jedoch lernten wir in den kanadischen Rockies ein junges Ehepaar kennen, dessen Auto aufgebrochen worden war, während sie eine Woche in der Wildnis unterwegs waren. Kreditkarte, Schecks, Ausweise - alles war weg. In der Wildnis brauchten sie diese Dinge nicht ...

✱ **Kleidersäcke** und **Transporttonnen** sollten vor der Reise auf Dichtigkeit kontrolliert werden. Kleidersäcke sind aus PVC oder ähnlichen Materialien gefertigte Beutel. Man bekommt sie von "extraleicht" bis "besonders stabil". Der Sack für die Lebensmittel sollte strapazierfähig sein, da Dosen und andere feste Behälter ihn sehr beanspruchen.

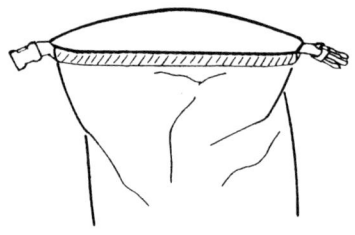

Abb. 24

Zum Verschließen der Säcke wird möglichst viel Luft herausgedrückt. Die Öffnung wird über der Plastikkante zugerollt und mit einem Schnappverschluß gesichert (Abb. 24). Kleidersäcke haben den Vorteil, daß sie immer nur so viel Platz wegnehmen, wie Inhalt darin ist. Dafür halten aber wasserdichte Tonnen, die es im Fachhandel in den verschiedensten Größen zu kaufen gibt, mehr aus und können als Stuhl benutzt werden.

✱ Ein gutes, wasserdichtes **Fernglas** sollte in Ihrer Ausrüstung nicht fehlen. Einerseits hilft es bei der Orientierung, andererseits ermöglicht es Ihnen, Tiere und Pflanzen in Ihrer Umgebung besser zu beobachten.

✱ Wenn Sie eine **Kamera** mitnehmen, sollten Sie sie nach jedem Foto, das Sie vom Boot aus schießen, wieder wasserdicht verpacken.

✱ Ihre **Brille** sollten Sie in jedem Fall mit einem Band um den Hals sichern. Am besten nehmen Sie zur Sicherheit ein Brillenrezept mit in den Urlaub. So ist bei Verlust relativ problemlos Ersatz zu beschaffen.

✱ Auf dem Wasser gibt es nur selten Schatten. **Sonnencreme** mit hohem Lichtschutzfaktor und ein **Hut** mit breiter Krempe gehören unbedingt ins Gepäck. Auch eine **Sonnenbrille** kann von Nutzen sein. Die UV-Strahlung der Sonne ruft nämlich nicht nur Sonnenbrand hervor, sondern bei starker Einwirkung über Jahre hinweg auch grauen Star. Da die Wasseroberfläche einen Teil der Sonnenstrahlung reflektiert, guckt man öfter in die Sonne, als man meint. Darum ist die Mitnahme einer Sonnenbrille - auch bei mir auf Bootswanderungen lange verpönt - durchaus sinnvoll.

✱ Ins Säckchen mit den **Kleinigkeiten** stecken Sie am besten auch eine **"Überlebensfolie"**. Das ist eine reißfeste, verspiegelte Folie, die Hitze reflektiert. Man kann sie hinter dem Lagerfeuer aufspannen oder um den Körper legen. Auch um Notsignale zu geben, ist sie gut.

✱ Vergessen Sie auch nicht das **Reparaturzeug** für Ihr Boot. Je nach Material läßt sich leicht eine kleine Ausrüstung zusammenstellen (☞ Zubehör, Reparatur-Set).

✱ An **Medikamenten** benötigen Sie - je nach Zielgebiet - im wesentlichen eine Packung Schmerztabletten (z.B. ASS ratiopharm). Ich halte es nicht für sinnvoll, Ohrentropfen mitzunehmen. Ohne ärztliche Untersuchung angewendet, könnten sie eine ernsthafte Entzündung überdecken und zu langwierigen Folgeerkrankungen führen. Wie bei Augenentzündungen sollten Sie lieber zum Arzt gehen.

Abführmittel können Sie je nach Veranlagung mitnehmen. Wichtiger erscheint mir aber die Mitnahme von Kohle-Compretten gegen Durchfall.

✹ Gerade in Wassernähe gibt es reichlich **Mücken** und andere stechende Insekten. Bei der Wahl Ihres Zeltes sollten Sie darauf achten, daß es groß genug ist. Ein paar Gramm mehr oder weniger fallen im Boot nicht so auf wie beim Wandern. Bei einer Mückenplage oder an einem Regentag haben Sie es dann gemütlicher.

Achten Sie außerdem auf die **Farbe des Zeltes**. Ein helles Zelt wird in der Sonne nicht so warm und abends ist es drinnen länger hell.

✹ Bei der **Kleidung** ziehen wir es meistens vor, lieber ein paar Sachen unterwegs zu waschen, als mehr mitzunehmen. Im übrigen hängt die Wahl der Bekleidung natürlich stark vom Zielgebiet ab: Müssen Sie mit Kälteeinbrüchen rechnen? Regnet es in der Gegend viel? ...

Ihre Kleidung sollten Sie also je nach dem zu erwartenden Wetter und der Jahreszeit zusammenstellen. Beachten Sie, daß Sie auf dem Wasser relativ ungeschützt sind. Vorteilhaft ist warme, winddichte Kleidung, die schnell wieder trocknet. Naturfasern hin oder her - beim Wassersport sind Kunstfasern oft die bessere Wahl (Faserpelze, Regenjacken aus Sympatex, Goretex o.ä.), denn sie trocknen wesentlich schneller.

✹ Zusätzlichen Luxus versprechen ein **Grillrost** für das Feuer und eine **Faltschüssel** zum Abwaschen.

Anfahrt

Über die Bestimmungen für den Transport von Booten auf Autodächern sollten Sie sich bei den Automobilclubs in Ihrem Heimatort oder in den jeweiligen Ländern informieren. In Deutschland gilt, daß die Ladung nach vorne und zu den

Seiten **nicht** überstehen darf, nach hinten darf sie bis zu 1,5 m über das Auto hinausragen.

Ab 1 m Überstand muß allerdings eine **rote Fahne** (30 x 30 cm) bzw. bei Nacht eine **rote Lampe** angebracht werden. Bei einer Entfernung von nicht mehr als 100 Kilometern ist sogar ein Überstehen von bis zu 3 m erlaubt. Des weiteren müssen Sie die zulässige Dachlast für Ihr Auto berücksichtigen.

Wenn Sie ein Kanu vor Ort mieten, wird es einfacher. Meistens übernimmt der "Outfitter" (Ausrüster) den Rücktransport Ihres Wasserfahrzeugs.

Auf Wanderfahrt

Bevor Sie in einsame Gegenden fahren, hinterlassen Sie am besten bei Freunden oder vielleicht dort, wo Sie Ihr Auto abstellen, eine Nachricht. Auch "Ranger" oder die örtliche Polizei nehmen Ihre Routenplanung entgegen.

Irgend jemand sollte wissen, wohin Sie fahren und auf welchem Weg Sie dorthin gelangen wollen, wie lange Sie bleiben werden und wann Sie wieder zurückkommen. Kalkulieren Sie einige Tage zusätzlich ein, damit eine Rettung nicht unnötig eingeleitet wird, denn das kostet viel Geld. Und vergessen Sie nicht, sich sofort nach Ihrer Rückkehr zurückzumelden.

Vom Umgang mit der Natur

Bei einer Kanuwanderung in der Wildnis gelten einige Grundregeln, die eigentlich selbstverständlich sind. Stets sollte man bemüht sein, die Natur so wenig wie möglich zu beeinträchtigen. Leider muß ich immer wieder feststellen, daß sich dies nicht so viele Leute zu Herzen nehmen, wie es eigentlich nötig wäre.

Jedes Jahr werden in Kanada beispielsweise Tausende Quadratkilometer Wald durch Brände zerstört. In den meisten Fällen werden diese Schäden durch Menschen verursacht.

Wenn Sie ein **Feuer** machen, sollten Sie es immer beaufsichtigen. Ein Eimer mit Wasser steht dabei zum Löschen stets bereit. (Da Sie auf einer Kanutour sind, ist das ja kein Problem.) Wenn Sie schlafen gehen oder weiterreisen, wird das Feuer vollständig gelöscht.

Machen Sie nur aus totem, am Boden liegendem Holz Feuer. Es ist trockener als frisches Holz, und Sie schonen die Natur um sich herum. Die Feuerstelle sollte von Steinen begrenzt sein. Nehmen Sie dazu keine Steine aus dem Wasser. Oft platzen sie aufgrund von Wassereinschlüssen und schießen als gefährliche Splitter durch die Gegend.

Wenn keine **Toiletten** vorhanden sind, müssen Sie Ihre Exkremente vergraben. Dazu ist es unerläßlich, einen Klappspaten mitzuführen. So bleibt Ihnen und den Leuten, die nach Ihnen kommen, ein unangenehmer Anblick erspart, und es wird verhindert, daß sich Krankheitskeime entwickeln und verbreiten.

Da Sie es geschafft haben, all die Sachen, die Sie benötigen, im Boot mitzunehmen, sollten Sie auch Ihren **Müll** problemlos wieder mit nach Hause nehmen können. Papier und Pappe lassen sich im Feuer verbrennen, organische Abfälle dürfen in einsamer Wildnis eingegraben werden. Alles andere nehmen Sie bitte wieder mit zurück.

Während der Fahrt und auch beim Lagern sollten Sie Tiere und Pflanzen nach Möglichkeit nicht stören oder beschädigen. Dazu ist es besonders wichtig, einen großen Abstand zu Röhrichten, Wasserpflanzen und dichtem Uferbewuchs zu halten (möglichst 50 m oder mehr) und nicht in diese einzufahren oder sie vom Land her zu betreten. Diese Lebensräume sind Brutstätten für Vögel und Laichplätze für Fische und bieten Schutz für allerlei andere Tiere.

Zum Anlanden sucht man sich am besten einen dafür vorgesehenen Platz oder eine Stelle, an der die Ufervegetation möglichst wenig beeinträchtigt wird. In Naturschutzgebieten gelten besondere Bestimmungen, die ein Anlanden eventuell sogar verbieten. Informieren Sie sich rechtzeitig bei den zuständigen Behörden oder fragen Sie vor Ort auf einem Campingplatz oder bei einer Kanuvermietung nach. Die Bestimmungen sind in jedem Land verschieden.

Diese Regeln gelten natürlich auch für das Beobachten und Fotografieren von Tieren. Wenn Sie sich mit Fernglas und Teleobjektiv bewaffnen, fühlt sich keiner gestört.

Die deutschen Wassersportverbände haben diese Verhaltensrichtlinien zu "10 goldenen Regeln" zusammengefaßt, die sich jeder beim Befahren unserer Gewässer zu eigen machen sollte. Nachzulesen sind sie z.B. in Informationsbroschüren des DKV oder in neueren Kanuführern.

Einladen

Alle Sachen sind wasserdicht verpackt und werden an einer Gepäckleine im Kanu festgebunden. Wenn Ihr Kanu leer unsinkbar ist, wird es auch bepackt nicht sinken, da die einzelnen wasserdichten Säcke für zusätzlichen Auftrieb sorgen.

Beim Beladen ist auf den Trimm zu achten. Vorher lag das Boot waagerecht im Wasser, und das sollte es hinterher auch tun (☞ Paddeltechnik, Der Trimm und Seen).

Die Verpflegung für die Mittagspause sollte leicht erreichbar sein. Kleidung, Zelt und Schlafsäcke können fest verstaut werden. Fernglas, Fotoapparat, Messer, Kompaß, Karte und viele Kleinigkeiten müssen immer in greifbarer Nähe liegen. Sie werden sich nach einigen Tagen daran gewöhnt haben, alles in einer ganz bestimmten Ordnung einzupacken.

☺ Um für den Fall der Fälle gewappnet zu sein, kann man einige Sachen stets am Körper tragen. Am wichtigsten sind wasserdicht verpackte Streichhölzer, das Fahrtenmesser am Gürtel, der Kompaß und eine Landkarte.

Orientierung

Gute **topographische Karten** sind nötig, um jederzeit die eigene Position zu kennen und den Fluß einschätzen zu können. Sie helfen bei der Suche nach Zeltplätzen und geben Aufschluß über die Landschaft um Sie herum.

Wenn Sie durch ein Wirrwarr von Flußarmen oder Inseln paddeln, sollten Sie immer Ihre Position kontrollieren und sie auf der Karte eintragen. Genaue Karten geben auch Auskunft über das Gefälle des Flusses oder die Fließverbindungen innerhalb einer Kette von Seen.

So kann man, ohne die Stellen im Fluß vorher gesehen zu haben, schon erahnen, wo sich Stromschnellen verbergen (Abb. 25). Im Beispiel ist der Wasserspiegel der ersten beiden Seen gleich, so daß zwischen ihnen bei "C" keine Schwierigkeiten zu erwarten sind. Bei "D" muß eine große Stromschnelle oder ein Wasserfall sein, da der dritte See wesentlich niedriger liegt.

Besser ist es natürlich, wenn es eine Beschreibung oder spezielle Flußkarten von der Strecke gibt, die Sie paddeln wollen. Allerdings sind auch sie nicht immer zuverlässig, gerade wenn sie älter sind. Flüsse, besonders diejenigen, die schnell fließen, verändern ihren Lauf stetig.

Auf dem Kartenausschnitt wird durch die Höhenlinien auch deutlich, daß Sie bei den Punkten "A" kaum Möglichkeiten zum Anlanden finden werden, während es sich bei "B" schon eher lohnt, nach einem Zeltplatz zu suchen.

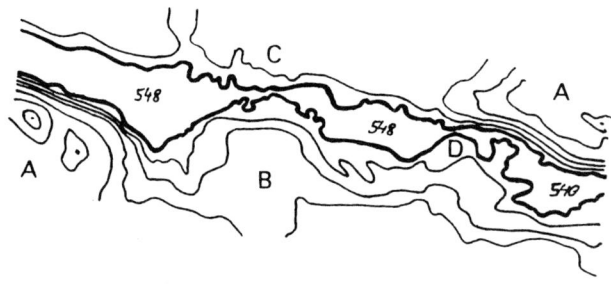

Abb. 25

Neben den topographischen Karten ist der **Kompaß** ein wichtiger Begleiter, wenn es in einsame Gegenden geht. Eine verwirrende Vielfalt kleiner Inseln, wie etwa auf dem Inari-See im nördlichen Finnland, kann leicht in die Orientierungslosigkeit führen.

☺ Lernen Sie vor Antritt einer Reise in derartige Gegenden unbedingt, mit Karte und Kompaß umzugehen.

📖 **Cliff Jacobson**, *Karte & Kompaß*, Basiswissen für Draußen (Band 4), Conrad Stein Verlag, Kronshagen, 1995.

☺ Vergessen Sie nicht, die Mißweisung bei der Peilung mit dem Kompaß einzukalkulieren. Besonders in Nordamerika ist sie sehr hoch.

Schon wenige Grad in die falsche Richtung würden Sie nicht zu Ihrem Ziel bringen. Achten Sie außerdem genau auf die Maßeinheiten Ihrer Karte. Sind es Meilen, so unterschätzen Sie die Entfernung, wenn Sie mißverständlich Kilometer annehmen. Auch bei Höhenangaben ist Achtung geboten.

Längenmaße	
1 inch (in.)	2,54 cm
1 foot (ft.)	0,308 m
1 yard (yd.)	0,914 m
1 mile (mi.)	1,609 km

Neben dem Kompaß gibt es zur Not auch die Möglichkeit, sich anhand der Sonne und mit Hilfe einer Uhr in etwa zu orientieren. Nachts steht auf der nördlichen Halbkugel der Nordstern genau im Norden.

Nachtfahrten auf unbekannten Gewässern sind gefährlich, auf Fließstrecken vielleicht sogar unmöglich. Ist Schiffahrt zu erwarten, kennzeichnen Sie Ihr Boot mit einer rundum sichtbaren weißen Laterne.

Zeltplatz

Wir fangen meistens schon zwei Stunden vor der Essenszeit mit der Suche nach einem Lagerplatz an, es sei denn, man darf sowieso nur auf den ausgewiesenen Plätzen zelten. Diese sind gegebenenfalls auf der Karte markiert und daher leicht zu finden.

Fängt man früh genug an zu suchen, muß man nicht den erstbesten Platz nehmen und gerät nicht in Zeitdruck, weil es bald dunkel wird. Dafür stehen wir lieber etwas früher auf. Mit einem guten Frühstück und dem Zusammenpacken vergehen ohnehin mindestens zwei Stunden.

Je nachdem, wo Sie unterwegs sind, müssen Sie bei der Platzwahl folgendes beachten:

✳ Zelten Sie nicht zu nahe am Ufer, etwa auf Sandbänken. In der Wildnis sind Flüsse nicht reguliert. Regnet es weiter fluß-auf oder kommt die Schneeschmelze in den Bergen so richtig in Gang, kann der Wasserspiegel über Nacht erheblich steigen, im Extremfall sogar um mehrere Meter!

✳ Zelten Sie nie auf einem Wildwechsel - schon gar nicht, wenn Bärenspuren oder gar Losung in der Nähe zu finden sind.

✳ Bei einem Sturm können große Bäume durch herabfallende Äste oder Umsturz gefährlich werden. Außerdem ist es unter Bäumen noch naß, wenn es schon lange zu regnen aufgehört hat.

✳ Eine Brise Wind vertreibt Mücken und läßt das Zelt schneller trocknen.

✳ Nach Osten offenes Gelände verspricht Sonnenschein am Morgen.

✳ Achten Sie gerade in Wassernähe auf die dort lebenden Tiere. Stören Sie Vögel nicht bei der Brut.

✱ Es ist immer gut, eine Trinkwasserstelle in der Nähe zu haben - sei es ein Wasserhahn, eine Quelle oder, in entlegenen Gebieten, ein kleiner Bach.

✱ Steht ein Haus in der Nähe oder sieht der Platz wie Privatgrund aus, holen Sie vorsichtshalber die Erlaubnis des Besitzers ein. Fragt man höflich, wird man meist nicht abgewiesen. Findet der Besitzer dagegen unverhofft Fremde vor, ist er wahrscheinlich verärgert.

☺ Wird es nachts kalt, empfiehlt es sich, die Schlafsäcke rechtzeitig auszupacken. Sie haben dann Zeit, sich aufzubauschen und isolieren besser, wenn man hineinschlüpft.

Ist es trocken, kann man auch ohne Zelt draußen übernachten. Häufig vergraulen einem allerdings Mücken oder andere Tiere das ganz unmittelbare Schlafen an der frischen Luft. Mit einigen Seilen und einer Plane können Sie sich zwischen zwei Bäumen leicht einen Regenschutz spannen.

Eine weitere Möglichkeit zur Übernachtung bietet das Boot. Kann man das Zelt nicht aufbauen und ist das Boot mit einer Persenning abgedeckt, bietet es Platz für zwei Leute. Bequem wird es meistens erst, wenn die Sitzbänke herausnehmbar sind. Mit Persenning und zwei Lukendeckeln bietet das Boot auch am Zeltplatz reichlich Stauraum für das Gepäck. Auf den Kopf gedreht, dient es ansonsten als Tisch.
Die Paddel sollten immer aufrecht hingestellt oder ins Boot gelegt werden. Übersieht man eines und tritt darauf, so kann das Bruch bedeuten. Und ein Paddel ist unterwegs schwer zu reparieren.

Wasser

Um die Seen und Flüsse nach Möglichkeit nicht zu verschmutzen, wäscht man sich und das Geschirr in einiger Entfernung vom Ufer. Wir benutzen dazu einen **Faltwassersack** (Abb. 26). Er sieht genauso aus wie ein Kleidersack, besitzt aber am unteren Ende einen Hahn. Hängt man ihn in einen Baum, hat man eine Dusche und einen Wasserhahn zum Abwaschen.

Beim Baden im See ein Stück Seife mitzunehmen, ist eine unnötige Gewässerbelastung. Um Töpfe abzuwaschen, reichen oft auch Sand und Gras anstelle von Spülmittel.

Ein Wort zum Thema **Trinkwasser**: Selbst in den entlegensten Gebieten unserer Erde kann das Wasser eines noch so sauber anmutenden Baches schlimme Magenverstimmungen sowie Übelkeit und Durchfall hervorrufen. Eine solche, durch Bakterien verursachte Erkrankung sollte man, gerade auf einer langen Tour, nicht unterschätzen.

Abb. 26

Schon Zähneputzen mit unsauberem Wasser kann ausreichen, um sich zu infizieren.

Daher sollten Sie Ihr Trinkwasser immer behandeln. Dazu gibt es Tabletten oder Tropfen, die man dem Wasser zusetzen kann (Micropur, Certisil). Noch sicherer ist das Reinigen mit einem sogenannten Taschenfilter. Hierbei werden auch Amöben und Wurmeier zuverlässig abgetötet. Was immer und ohne Technik geht, ist das Abkochen. Nur: Bevor das Wasser keimfrei ist, muß es mindestens zehn Minuten mit mehr als 100 °C kochen.

Wir haben in der Regel einen 10-l-Kanister mit Wasser und einen kleinen Wassersack für zwischendurch dabei. Das reicht für zwei Personen zwei Tage lang, wenn es nicht allzu heiß ist.

Muß man eine größere Strecke umtragen und steht am anderen Ende Trinkwasser zur Verfügung, dann sparen wir uns jedoch die 10 kg extra Gewicht und füllen den Kanister später wieder auf.

Auf andere, nicht aus Wasser zubereitete Getränke verzichten wir unterwegs. So gibt es morgens und abends Tee oder vielleicht Kaffee und an heißen Tagen Wasser pur, eventuell mit einer Vitamintablette für etwas Geschmack. Allerdings sind diese Tabletten für einen Urlaubstrip von wenigen Wochen nicht notwendig. Bevor Vitaminmangel in Erscheinung tritt, muß schon mehr Zeit vergehen.

Unsere Vitamintabletten sollen nur etwas Abwechslung in den Speiseplan bringen. Sie sind in Röhrchen gut wasserdicht verpackt und einfach dosierbar.

Liegen Ortschaften an der Strecke, lohnt es sich in jedem Fall, den Vorrat mit frischen Lebensmitteln zu ergänzen. Außerdem lernt man dabei die Spezialitäten der jeweiligen Region kennen.

Essen

Kochen Sie möglichst abwechslungsreich! Und das nicht nur, damit das Campingessen nach zehn Tagen noch schmeckt, sondern vor allem damit der Körper ein ausgewogenes Angebot an Nährstoffen erhält. Wenn man empfindlich auf eine Ernährungsumstellung reagiert, sind andernfalls Verstopfung oder Durchfall die Folge.

Eiweiße, aber auch Fette müssen in ausreichendem Maße aufgenommen werden. Erfahrungsgemäß neigt man während einer Wildnistour dazu, zu viele Kohlenhydrate zu sich zu nehmen. Bei der Planung helfen die Angaben zu den Nährwerten auf den Lebensmittelprodukten oder eine Diätfibel. Natürlich tragen auch körperliche Betätigung und frische Luft ihren Teil zu einer guten Verdauung und dem körperlichen Wohlbefinden bei.

Hervorragend eignen sich zum Mitnehmen **dehydrierte Lebensmittel**. Sie sind nährstoffreich und lange haltbar. Spezielle sogenannte "Adventure-Lunches" lassen sich ohne langes Kochen schnell zubereiten. Ihr Nachteil: Sie sind viel zu teuer.

Bei einem kritischen Vergleich z.B. zu den nahrhafteren Tütensuppen von Maggi und Co. stellt man schließlich keinen großen Unterschied fest - vom Preis einmal abgesehen. Tütensuppen müssen länger kochen, aber bei einem Blick in die Reisekasse fällt es mir leicht, einen Liter Spiritus mehr mitzunehmen.

Vor der Reise sollten Sie Ihre Lebensmittel umpacken. Reis, Nudeln und Mehl kommen in wasserdichte Weithalsflaschen aus lebensmittelechtem Polyethylen. Diese gehen nicht kaputt und sind verschließbar. Gewürze kann man prima in alten Filmdosen unterbringen. Dafür kann man obendrein Deckel zum Streuen kaufen. In warmen Gegenden sollten Sie mit dem Salz eher etwas großzügig sein, da Sie entsprechend transpirieren.

Es bietet sich an, den Speiseplan unterwegs mit frisch gesammelten Kräutern aufzubessern. Dazu ist aber eine genaue Kenntnis der **Pflanzen**, die man pflücken möchte, unerläßlich. In unseren Breiten gibt es zwar nicht viele giftige Pflanzen, aber einige sind doch tödlich.

📖 **Jim Meuninck**, *Eßbare Wildpflanzen*, Basiswissen für Draußen (Band 5), Conrad Stein Verlag, Kronshagen, 1992.

Wenn Trinkwasser einmal knapp wird, kann man die Nudeln auch wie Reis kochen: Das zugesetzte Wasser wird ganz von ihnen aufgenommen, es muß nichts abgegossen werden.

Da wir immer einen Riesenhunger haben, bleibt eigentlich nie etwas übrig. Damit Sie die Reste nicht mit sich herumschleppen müssen, wiegen Sie am besten zu Hause ab, wieviel Sie ungefähr verdrücken. 20% dazu und dann stimmt die Rechnung für unterwegs. Wir merken uns anhand der Becher, die wir mitnehmen, wieviel Reis oder Müsli wir essen.

Sogar **backen** kann man auf einem einfachen Camping-kocher. Dazu nimmt man den größten Topf und legt einige flache Steine hinein. Darauf stellen Sie entweder einen kleineren Topf, oder Sie formen aus Aluminiumfolie eine Kuchen-form. Den Deckel obendrauf setzen und schon haben Sie einen Heißluftofen.

Wichtig ist, daß die Flammen nicht den Topf erreichen, sonst wird er zu heiß und der Kuchen brennt an. Außerdem würde der Kochtopf ausglühen.

Sie werden sich bestimmt über die große Menge Mehl in der Liste am Ende des Buches wundern. Da **Brot** schlecht zu transportieren ist, backen wir unseres unterwegs selbst. Dazu braucht man Mehl, Backpulver, Wasser und Salz. Das Brot wird in flachen Fladen in der Bratpfanne gebacken. Der Phantasie sind keine Grenzen gesetzt, wenn es darum geht, dieses Grundrezept zu verfeinern.

Außerdem kann man Mehl ja auch für einige andere sehr leckere Speisen verwenden. Ich denke da zum Beispiel an "Pfannkuchen nach Großmutterart", verfeinert mit Apfelscheiben ...

Cliff Jacobson, *Kochen*, Basiswissen für Draußen (Band 8), Conrad Stein Verlag, Kronshagen, 1993.

Frische Sachen wie Joghurt, Obst und Gemüse werden stets unmittelbar vor der Abfahrt an Ort und Stelle gekauft.

Eine weitere Speiseplanbereicherung sind **Fische**. Hat man etwas Schnur und einige Haken dabei, kann man schnell mit einem Stock eine Angel bauen. Wenn Sie auch zu Hause fischen, werden Sie sowieso ein solches Gerät im Gepäck haben. Beachten Sie aber die entsprechenden Vorschriften im

Paddelrevier. Es ist nicht immer und überall erlaubt, zu angeln. Meistens muß man einen **Angelschein** erwerben.

Paddelt man über größere Entfernungen, kann es sein, daß in verschiedenen Seen und Flußabschnitten verschiedene Lizenzen erforderlich sind. So ist es zum Beispiel in Schweden. In Kanada gilt die "Fishing Licence" gleich für die ganze Provinz und kostet nicht viel. Ich kaufe sie immer für ein ganzes Jahr, sie ist dann kaum teurer als die Lizenz für eine Woche. Und was sind schon 20 Dollar für einige leckere frische Fischmahlzeiten! Selbst wenn ich mal nichts fange, ist es doch schön, in der Abendsonne auf einem Felsen zu hocken ...

📖   **Harald Barth**, *Angeln*, Basiswissen für Draußen (Band 21), Conrad Stein Verlag, Kronshagen, 1995.

Fischabfälle werden vergraben und nicht in den See geworfen. Messer und Geschirr müssen in **Bärengegenden** gut abgewaschen werden. Alle Lebensmittel und Sachen, die (für einen Bären!) verführerisch riechen könnten (z.B. Zahnpasta, Cremes), müssen luftdicht verpackt und, wenn möglich, in einen Baum gehängt werden (mindestens 4 m über dem Boden). Dazu ist die Treidelleine zu gebrauchen. Ist das nicht möglich, wird der Sack zumindest ein Stück vom Zelt entfernt abgestellt. Auch Feuer wird in solchen Regionen weit vom Zelt entfernt gemacht.

Wetter

Ein Radio mitzunehmen, halte ich für überflüssig, ja sogar für störend. Der Himmel mit Sonne und Wolken gibt Aufschluß genug über das Wettergeschehen.

Hellblauer, diesiger Himmel zeigt beständigeres Wetter an als strahlend blauer Himmel. Ein klarer Sonnenuntergang bedeutet meist gutes Wetter für den nächsten Tag. Ist es im Westen allerdings diesig und leuchtet die Sonne feurig rot, so ist viel Feuchtigkeit in der Luft, und wahrscheinlich verschlechtert sich das Wetter.

In unseren Breiten herrschen Westwinde vor. Sie bringen wechselndes, eher schlechtes Wetter mit sich. Östliche Winde verbürgen sich für eine gute und stabile Wetterlage. Ein stiller, bedeckter Morgen verheißt oft gutes Wetter. Die Wolken lösen sich im Verlauf des Vormittags auf. Auch die verschiedenen Wolkentypen können viel über das Wetter aussagen.

Generell ist eine kurzfristig eintretende Wetterverschlechterung auch schnell wieder vorbei. Kommt das Unwetter allmählich, könnte es sich einregnen.

📖 **Michael Hodgson und Meeno Schrader**, *Wetter*, Basiswissen für Draußen (Band 13), Conrad Stein Verlag, Kronshagen, 1994.

Wilde Tiere

Die Mitnahme einer Schußwaffe zur Verteidigung gegen wilde Tiere, hier vor allem **Bären**, halte ich für überflüssig, ja sogar für äußerst leichtsinnig. Haben Sie schon einmal einen Bären geschossen? Ich jedenfalls bin lieber nicht in der Nähe, wenn jemand seinen ersten Bären schießt.

In Europa sind Bären kein Problem. In Nordamerika ist es besser, das eigene Herannahen rechtzeitig anzukündigen. Machen Sie Lärm, wenn Sie lagern oder durch den Wald streifen. Unterhalten Sie sich oder binden Sie einige Glöckchen an Ihre Jacke. Ich nehme meistens zwei Blechbecher, die an einer langen Schnur angebunden immer wieder gegeneinander schlagen. So bin ich nur selten Bären begegnet und eigentlich auch ganz froh darüber.

Sollten Sie doch einem Bären begegnen, bleiben Sie ruhig (leichter gesagt als getan), sprechen ihn mit normaler Stimme an und schwenken die Arme, damit der Bär merkt, daß er einen Menschen vor sich hat. Gehen Sie langsam rückwärts und machen Sie ihm den Weg frei. Weglaufen ist zwecklos (der Bär ist schneller), und auf einen Baum zu klettern ist nur sinnvoll, wenn Sie in wenigen Sekunden über 4 m Höhe erreichen und zudem keinen Schwarzbären vor sich haben. Der könnte nämlich Lust auf Wettklettern haben. Wollen Sie mehr darüber lesen? Die Nationalparkverwaltungen in Nordamerika versorgen Sie mit ausführlichem Informationsmaterial. Die Ranger wissen außerdem, wo in letzter Zeit Bären aufgefallen sind.

Die einzig wirklich gefährliche Situation entsteht auf schnell fließenden Flüssen zur Zeit der Lachswanderung, d.h. im frühen Herbst. Man kommt um eine Biegung, eine kleine Stromschnelle lockt voraus, und Meister Petz steht mitten im Fluß und fischt. Wenn Sie aufmerksam paddeln, gegebenenfalls rechtzeitig anlanden und sich von dort aus sicherer Entfernung bemerkbar machen, wird sich der Bär in aller Regel trollen.

In bezug auf andere Tiere und Pflanzen sollten Sie sich wie in einem Nationalpark oder einem Naturschutzgebiet verhalten. Verändern Sie so wenig wie irgend möglich. Pflücken Sie nur so viele Beeren, Pilze oder andere Pflanzen, wie Sie wirklich benötigen. Nutzen Sie nur Pflanzen, die nicht unter Schutz gestellt sind.

Notfälle

Fernab der Zivilisation ist es schwierig, Hilfe herbeizuholen. Daher gilt es, alle Risiken nach Möglichkeit zu vermeiden.

In Zeitdruck geraten Sie nicht, da Sie den Trip mit ausreichend Reservetagen geplant haben. Wird es trotzdem einmal knapp, verpassen Sie lieber den Zug oder Bus. Wenn Sie das Boot übermüdet in einer Schnelle oder bei einem Sturm auf dem See verlieren, schaffen Sie es auch nicht mehr rechtzeitig, und Sie können von Glück sagen, wenn Sie Boot und Ausrüstung wiederbekommen.

Stromschnellen sollte man nur dann fahren, wenn man sich seiner Sache hundertzwanzigprozentig sicher ist. Es ist besser, einen Kilometer weit zu tragen, als das Boot zu verlieren. "Cool" sein muß man ohnehin nicht, weil meistens keiner zuguckt. Und selbst wenn, wäre es unsinnig. Eine Schnelle sollte immer vorher inspiziert werden. Besonders senkrechte Fälle erkennt man aus der Bootsperspektive oft erst sehr spät. Aussteigen und besichtigen ist das einzig richtige.

Passiert trotz aller Vorsicht einmal ein Unfall, sollten Sie sich in Erster Hilfe gut auskennen. Meiner Ansicht nach reichen die "Sofortmaßnahmen am Unfallort", wie man sie für den Autoführerschein lernt, nicht aus. Am besten ist ein richtiger **Erste-Hilfe-Kurs** beim Roten Kreuz oder anderen Organisationen.

Außerdem müssen Sie, da Sie mit dem Boot unterwegs sind, über **Rettungsmaßnahmen im Wasser** Bescheid wissen. Ein Rettungsschwimmabzeichen der Deutschen Lebens-Rettungs-Gesellschaft e.V. (DLRG) ist sinnvoll.

Nach der Soforthilfe geht es so schnell wie möglich zum Arzt. Bei ruhigem Gewässer ist sogar eine Nachtfahrt in Betracht zu ziehen.

Um sich bemerkbar zu machen, gibt es einfache Abschußgeräte für **Leuchtkugeln**. Rote, wenn Hilfe benötigt wird, grüne zur Entwarnung, weiße zur allgemeinen Verständigung. Sie sollten ausreichend viele Leuchtkugeln mitführen, damit die Helfer nicht nur aufmerksam werden, sondern auch die Richtung beibehalten können, in der sie suchen.

Wollen Sie ein Boot abschleppen, binden Sie das Seil besser nicht fest. Bei Strömung oder Wind könnte eins der Boote zum Kentern gebracht werden.

Wassertemperaturen

Paddeln Sie im Frühjahr, wenn das Wasser noch sehr kalt ist, über einen offenen See, ist wärmedämmende Kleidung für den Fall einer Kenterung überlebensnotwendig. Hier sollten Sie einen Neopren- oder Trockenanzug tragen.

Bedenken Sie auch, daß das Wasser an Ihrem Urlaubsort vielleicht noch nicht so warm ist wie bei Ihnen zu Hause. Im nördlichen Kanada beispielsweise sind die Seen oft erst im Juni vollkommen eisfrei.

Bei Wassertemperaturen um 5 °C bleiben Ihnen, je nach Konstitution, unter Umständen nur 15 Minuten, um sich ins halbwegs Trockene zu retten, wenn Sie keine Schutzkleidung gegen Unterkühlung tragen. Auch die Strecke, die Sie in derart kaltem Wasser schwimmen können, ist kurz, da die Muskeln schnell ermüden. Ist das Ufer erreichbar, kann es lebensnotwendig sein, das Boot ohne Zögern zu verlassen, auch wenn es verlorengeht.

Kenterung

Sollten Sie trotz aller Vorsicht einmal kentern, bleiben Sie möglichst beim Boot (sofern die Wassertemperatur dies zuläßt). Sie können sich gut daran festhalten, und außerdem bietet es in der Wildnis oft die einzige Möglichkeit, wieder in die Zivilisation zu gelangen. Lassen Sie in Fließgewässern das Kanu vor sich herschwimmen, so können Sie nicht zwischen dem Boot und einem Hindernis eingeklemmt werden.

Ist das Land nahe, versuchen Sie, es mit dem Kanu zu erreichen. An Land ist es einfach, alles wieder trocken zu legen. Spätestens jetzt hat es sich bezahlt gemacht, daß Sie Ihr Gepäck im Boot sehr gut festgebunden und wasserdicht verpackt haben (☞ Einladen).

Schwieriger ist die Lage, wenn das Land zu weit weg ist. Ist das Boot gekentert und liegt kieloben, muß es zunächst zurückgedreht werden. Dazu klettern Sie auf den Rumpf, fassen mit beiden Händen an der gegenüberliegenden Seite um den Süllrand und lassen sich rückwarts ins Wasser fallen.

Nun muß das Boot gelenzt werden. Im tiefen Wasser ist das schwierig und erfordert einige Übung. Durch seitliches Hin- und

Herschütteln kann eine gewisse Wassermenge herausgebracht werden (Abb. 27). Nur: den Anfang zu machen, ist schwierig. Außerdem sind Boote mit nach innen ragendem Dollbord auf diese Weise nur äußerst schwer zu leeren. Mit Persenning hat man ebenfalls kaum eine Chance.

Abb. 27

Sind Sie zu zweit, kann einer das Boot, so gut es geht, festhalten, und der andere steigt wieder ein. Er kann das restliche Wasser herausschöpfen und stabilisiert das Kanu dann mit dem Paddel (☞ Paddeltechnik, Die Paddelstütze), während der zweite einsteigt. In dieser Situation ist es wichtig, ein Ersatzpaddel dabei zu haben, falls bei der Kenterung eines verlorengegangen sein sollte.

Allein ist das Einsteigen schwieriger, mit mehreren Booten wird es einfacher: Längsseits festgehalten stabilisieren die Leute im zweiten Boot das gekenterte Kanu, während der Schwimmer an der gegenüberliegenden Seite einsteigt.

Zum Entleeren des vollgelaufenen Bootes gibt es auch die Möglichkeit der **Boot-über-Boot-Rettung** (Abb. 28a-c). Das rettende und das gekenterte Boot liegen in einem 90° Winkel zueinander (a).

Abb. 28a

Abb. 28b

Das kieloben schwimmende Boot wird nun über die Mitte des anderen Bootes gehoben und läuft dabei leer (b).

Liegt es mittig auf dem Rettungsboot, kann es umgedreht und wieder in das Wasser abgesetzt werden (c). Diese Methode ist sehr gut, funktioniert aber nur bei nicht voll beladenen Kanus.

☺ Vor Ihrer ersten Wanderfahrt sollten Sie neben dem Tragen des Bootes sinnvollerweise auch das Kentern üben. Herausfallen ist leicht, aber wieder hineinkommen ist schwieriger, als Sie sich vielleicht vorstellen.

Eine Eskimorolle, wie sie von vielen Kajakfahrern praktiziert wird, ist im Kanadier fast unmöglich durchzustehen, besonders im beladenen Boot. Diese Kunst bleibt im Kanu einigen wenigen Wildwasserspezialisten vorbehalten.

Abb. 28c

Hobbys

Wenn Sie Kanuwanderungen machen, haben Sie ein wundervolles Hobby. Andere Dinge lassen sich ausgezeichnet mit dem Paddeln verbinden, so können Sie z.B. angeln und fotografieren. Von der Wasserseite her sind viele Tiere zutraulicher.

Außerdem können Sie historische Baudenkmäler besichtigen, die oft an Flüssen oder Seen liegen, da die hohen Herrschaften auch früher schon diese Plätze wegen ihrer Schönheit schätzten.

Verständigung

In aller Regel werden Sie auf einer Langfahrt zu zweit im Kanu sitzen. Um sich kurz, schnell und vor allem eindeutig zu verständigen, legen Sie sich auf bestimmte **Kommandos** fest.

"Links" heißt bei uns z.B. immer "weiter nach links fahren/ steuern", und nicht etwa "links ist ein Stein". In vielen Situationen ist einfach keine Zeit für Mißverständnisse.

Im Wildwasser erschwert das Rauschen des Flusses die Verständigung zusätzlich. Hier gibt es **Handzeichen**, um anderen Booten Hinweise zu geben. Manche verständigen sich sogar mit einer **Trillerpfeife**.

Hindernisse

Brücken und Wehre

Zwischen den Pfeilern einer **Brücke** ist die Strömung stärker, dahinter können Strudel und Kehrwässer entstehen. Zudem behindern oft Steine und Beton- oder Eisenpfähle des Brückenfundamentes die freie Durchfahrt. Daher ist beim Unterfahren einer Brücke in jedem Fall Vorsicht angeraten. Bei niedrigen Stegen oder Brücken sollten Sie besonders vorsichtig sein. Nichts ist schlimmer, als auf halbem Wege unter einer Brücke stecken zu bleiben.

Mit unserem Kanadier "schaffen" wir alle Brücken, unter denen die hochgezogene Bootsspitze hindurch paßt. Allerdings nur, wenn wir knien. Bei starker Strömung ziehen wir das Umtragen vor.

Wehre sind Staustufen in einem Fluß oder zwischen Seen. Sie werden gebaut, um Wasser umzuleiten oder die Strömungsgeschwindigkeit zu reduzieren. Dazu gibt es die verschiedensten Bautypen.

Wehre aus Holz sind wesentlich bootsfreundlicher als Wehre aus Beton. V-förmige Wehre oder solche mit schrägem Abfall sind oft für Kanus fahrbar, wenn das Unterwasser tief genug ist. Die Persenning verhindert gegebenenfalls ein Vollschlagen des Bootes. Senkrecht abfallende Wehre oder große, überspülte Steine können gefährlich sein, weil sich dahinter oft Walzen bilden (Abb. 29).

✋ Grundsätzlich gilt: Äußerste Vorsicht bei Wehren! Lieber umtragen, auch wenn das Wehr von anderen befahren wird!

Im schäumenden Wasser finden Paddel und Schwimmer keinen Halt, und die an der Oberfläche flußauf gerichtete Strömung macht ein Herausschwimmen nach der Kenterung im schlimmsten Fall unmöglich.

Man kann entweder versuchen, an den Seiten des Wehres ans Ufer zu gelangen, oder aber man zieht die Schwimmweste aus und taucht auf den Boden, um dort mit der Strömung flußab zu schwimmen.

Die Theorie ist einfach, in der Praxis sieht es schwieriger aus. Also muß die Devise heißen: Walzen, besonders lange Deckwalzen, grundsätzlich meiden!

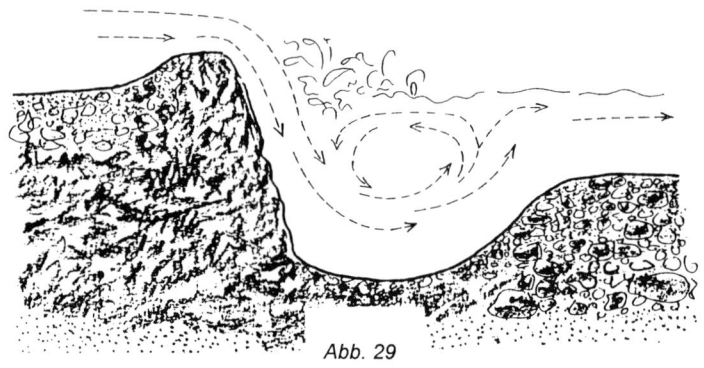

Abb. 29

Bootsrutschen

Moderne Wehre besitzen manchmal **Bootsrutschen oder -gassen**. Das sind speziell für Paddler gebaute Abschnitte der Stauanlage, über die ausreichend Wasser abfließt, so daß sie mit dem Kanu befahren werden können. Bei größeren Anlagen wird die Bootsgasse auf Anforderung geflutet, und eine Ampel gibt grünes Licht für die Durchfahrt.

An anderen Wehren stehen gelegentlich Loren auf Schienen zur Verfügung. Das Boot wird bereits im Wasser auf die Lore gesetzt und zusammen mit ihr aus dem Wasser und über Land gezogen.

Schleusen

Kleinere **Schleusenanlagen** werden meist im Handbetrieb bedient. Den Anweisungen des Schleusenwärters oder den Hinweisschildern folgend, können Sie Ihr Boot selbst schleusen. Teilweise wird für das Schleusen eine Gebühr erhoben, und nicht immer ist es möglich oder ratsam (steile Treppen!), die Schleusen zu umtragen.

Die Einfahrt in eine bzw. die Ausfahrt aus einer Schleuse ist freigegeben, wenn grünes Licht aufleuchtet, ein grün-weiß-grünes Schild zu sehen ist oder der Schleusenwärter das Zeichen gibt.

In der Schleuse darf das Kanu nicht fest vertäut werden. Bei sinkendem oder steigendem Wasserstand muß die Leine stets schnell zu lösen sein.

Hindernisse in starker Strömung

Umgestürzte Bäume in schnell fließenden Gewässern sind, besonders wenn sie hinter einer Kurve plötzlich auftauchen, eine ernstzunehmende Gefahr. Kentert man an einer solchen Stelle, kann einen die Strömung unter das Hindernis ziehen.

Kajaks wie Kanadier legen sich gern vor umgestürzten Bäumen quer und werden dann unmanövrierbar. Je nach Stärke der Strömung kann es sich sogar als unmöglich erweisen, ein gekentertes Boot, das quer vor einem Baum liegt, überhaupt zu bergen. Machen Sie daher stets einen möglichst großen Bogen um derartige Hindernisse!

Auch **überhängende Büsche**, in denen man sich verhakt, sind nur allzuoft ein Grund für eine Kenterung. Daher sollten Sie im Kanadier besser knien, damit Sie sich besser ducken können.

Hält sich der Vordermann auf einem Flußabschnitt mit großer Strömung an einem Ast fest, wird das Boot zwangsläufig quertreiben. Fahren Sie lieber vorsichtig und nicht zu schnell unter den Zweigen hindurch.

Sind solche Hindernisse zu erwarten, sollten Sie unbedingt alles, was hoch aus dem Kanu aufragt und hängenbleiben könnte, anders verstauen. Bei entsprechendem Uferbewuchs ist es grundsätzlich unangebracht, oben auf der Persenning größere Gegenstände festzuschnallen.

Treideln

Ist genug Wasser im Fluß, um das Boot ohne Besatzung um ein Hindernis zu bugsieren, das nicht umfahrbar ist, kann man das Kanu treideln.

Dazu benötigen Sie eine oder zwei lange Leinen. Wir benutzen zum Treideln eine 25 m lange Schnur, die wir an die Enden der normalen Bootsleinen knüpfen können. So erhalten wir eine gut 35 m lange Schlaufe. Entweder haken Sie die Seile mit Karabinerhaken ineinander, oder Sie benutzen die bereits oben erwähnten Knoten (☞ Zubehör, Lenzgefäß und Leinen).

Das Kanu liegt am Ufer (Abb. 30, A). Sie haben die beiden Seile befestigt und können es nun damit lenken. Wie bei einer Seilfähre wird das Boot durch den spitzen Winkel zur Strömung gesteuert und auf Distanz zum Ufer gehalten (B).

Hinter dem Hindernis zieht man das Boot allmählich wieder ans Ufer heran (C und D). Die Geschwindigkeit und Leichtigkeit des Vortriebs lassen sich durch den Winkel zur Strömung steuern. Stromauf dient das vordere Seil zum Steuern. Mit dem hinteren hält man das Boot auf der entsprechenden Höhe und zieht es flußauf. Stromab gibt man mit der hinteren Leine allmählich nach.

Gerät das Boot quer zur Strömung, versuchen Sie nicht, es wieder zurückzuziehen. Lassen Sie es einmal herumdrehen, und treideln Sie dann in umgekehrter Richtung weiter (E). Beim gewaltsamen Zurückziehen könnte das Boot durch die Einwirkung der Strömung kentern.

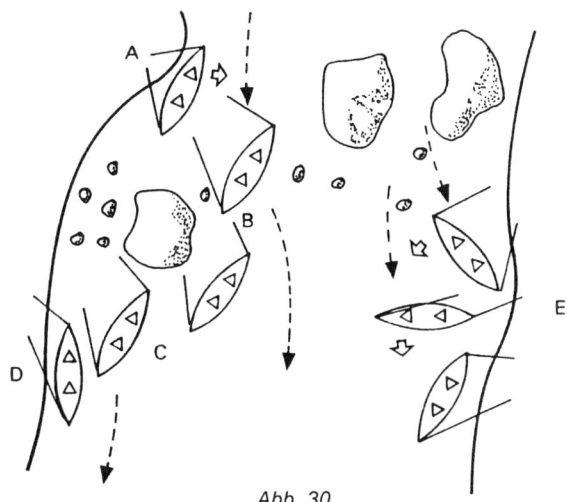

Abb. 30

Tragen des Bootes

Geht auch das Treideln nicht mehr, müssen Sie Ihren Kanadier tragen oder einen **Bootswagen** benutzen. Ersteres sollten Sie vor einer längeren Reise unbedingt ausprobieren und üben. Aber nicht nur 20 m weit!

Auf der Tour kann es durchaus vorkommen, daß das Boot einen Kilometer oder sogar mehr über wegloses Gelände umtragen werden muß. Gerade in unwegsamem Gelände ist es einfacher, das Boot alleine zu tragen, da die Bewegungen von zwei Personen schlecht zu koordinieren sind. Viele Kanus besitzen dazu in der Mitte des Bootes ein **Joch**.

☺ Achten Sie darauf, daß das Joch gut abgepolstert ist. Dabei kann beispielsweise eine Schwimmweste gute Dienste leisten.

Zum Schultern des Bootes geht man folgendermaßen vor (Abb. 31a-d): Wenn Sie nach links gehen wollen und auf der linken Seite des Bootes stehen, greifen Sie den Süllrand seitlich am Boot etwas vor der Mitte mit der linken, das Joch mit der rechten Hand (a) und heben das Boot auf das rechte Knie.

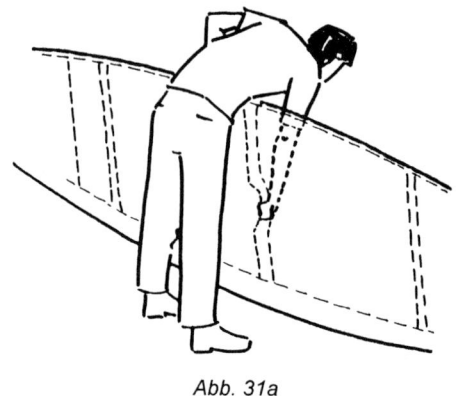

Abb. 31a

Die linke Hand greift die gegenüberliegende Seite des Bootes, anschließend umfaßt die rechte den Süllrand neben dem Knie (b). Nun gibt man mit dem Bein den nötigen Schwung und hebt das Boot über den Kopf (c und d). Das klingt sehr viel schwieriger, als es in Wirklichkeit ist.

Ist kein Joch vorhanden, kann man sich entweder vor Antritt der Reise eines aus Holz fertigen und am Boot festschnallen, oder man bindet zwei Paddel längs zwischen die beiden Bänke, so daß beim Tragen das obere Ende der Paddelblätter auf den Schultern lastet.

Abb. 31b

Das ist allerdings nicht so bequem wie ein Joch, da die Paddel nur punktuell aufliegen. In jedem Fall werden Sie nach den ersten Erfahrungen mit dem Umtragen leichte Boote schätzen lernen.

Abb. 31c

Abb. 31d

Ist die Strecke zum Umtragen sehr lang, teilen Sie sie in Etappen ein. Ein häufigerer Wechsel zwischen Tragen und Zurücklaufen, um das Gepäck nachzuholen, macht die Sache angenehmer.

☺ Wollen Sie das Boot zwischendurch absetzen, kann man es mit der Spitze in eine Astgabel stecken. So muß es nicht erneut geschultert werden.

In relativ dicht besiedelten Gegenden, wo ein Weg zur Verfügung steht, empfiehlt es sich wirklich, den Bootswagen mitzunehmen (☞ Zubehör, Bootswagen).

Schiffahrt

Seit dem 1. März 1995 ist eine **Kennzeichnung des Kanus** auf öffentlichen Schiffahrtsstraßen nicht mehr erforderlich. Trotzdem kann es nicht schaden, den Namen des Bootes außen und den Namen und die Anschrift des Eigentümers innen deutlich anzubringen. So ist bei Verlust der Eigentümer leicht festzustellen, und außerdem nehmen Sie ja Rücksicht auf andere und verhalten sich umweltgerecht, so daß Sie nichts zu verbergen haben.

Viele **Regeln des Schiffsverkehrs** sind wie im Straßenverkehr (Rechtsverkehr, rechts vor links), und viele Schilder erklären sich von selbst. Kleinfahrzeuge, und dazu gehören alle Kanus, müssen allerdings allen anderen größeren Schiffen grundsätzlich Vorfahrt gewähren. Bei Begegnungen wird stets nach rechts ausgewichen, es sei denn, es werden andere Signale gegeben.

Grüne und rote Tonnen markieren das Fahrwasser. Die grünen stehen immer auf der rechten Seite, wenn man auf dem Meer zum Hafen hin- (auf das Land zu) und dem Fluß entgegenfährt. Die Fahrzeuge im Fahrwasser haben Vorrang, aber Kleinfahrzeuge müssen trotzdem der Berufsschiffahrt ausweichen.

Bei Kleinfahrzeugen unter sich müssen diejenigen mit Motor allen anderen weichen. Diejenigen ohne Motor, also z.B. Kanus, müssen Seglern Vorrang gewähren und sind untereinander gleichberechtigt.

Für weitergehende Informationen zum Schiffsverkehr verweise ich auf ausführlichere Kanu-Handbücher bzw. die Binnenschiffahrtsstraßenordnung (☞ Anhang, Weiterführende Literatur).

Sperrgebiete

Der DKV gibt alljährlich im *Kanu-Sport-Programm* ein Verzeichnis der Gewässer heraus, die von Paddlern aus Naturschutzgründen oder aus anderem Anlaß nicht befahren werden dürfen. Weitere Informationen finden sich in der Vereinszeitschrift *Kanu-Sport*.

Auch in anderen Ländern gibt es oft Beschränkungen, z.B. in Nationalparks oder weil ein See oder Fluß Privatbesitz sind, wie z.B. oft in Großbritannien. Manchmal wirkt hier ein freundliches Nachfragen Wunder. Daß Badestellen, zumindest während der Saison, keine Anlandeplätze sind, versteht sich von selbst. Die Gefahr, einen Schwimmer zu übersehen, ist zu groß.

Auf Seen sind die Sperrgebiete meistens durch **gelbe Tonnen** oder Stangen gekennzeichnet. Auch ein diagonales gelbes Kreuz hat dieselbe Bedeutung. Gelbe Streifen auf weißem Grund bedeuten ein Sperrgebiet nur für motorbetriebene Fahrzeuge. Aus welchem Grund diese Flächen gesperrt sind, ist meistens aus der Landkarte ersichtlich. Bei militärischen Sperrgebieten ist besondere Vorsicht geboten, es kann aber Passierzeiten geben. Informieren Sie sich rechtzeitig.

Anhang

Packliste für mehrtägige Paddeltouren

Zur Grundausstattung auf einer mehrtägigen Wanderfahrt gehört nach meiner Erfahrung folgendes:

✱ Boot & Zelt: Boot, Paddel, Reservepaddel, gegebenenfalls Persenning, Spritzdecken, Lukendeckel, Kniepolster, Schwimmwesten, Bootswagen (eventuell mit Luftpumpe) oder aufsetzbares Joch, Kleidersäcke, Lenzgefäß, Schwamm und Lappen, Bootsreparatur-Set, Bootsleinen, Treidelleine, Rucksack oder Rucksackgestell (wenn viel umtragen werden muß), Dachgepäckträger für das Auto, Autoleinen, rote Fahne, Zelt, Stangen, Heringe, Ersatzstangen und Reparaturbuchse, Zeltunterlage, Plane und Seile für einen Unterstand, Isomatten, Schlafsack, Inlet (Baumwollschlafsack, der in den eigentlichen Schlafsack gelegt wird).

✱ Kleidung: Regenjacke (gleichzeitig Windjacke), Regenhose (nur an Land erforderlich), Bootsschuhe, Wanderschuhe als zweites Paar Schuhe, 4 Paar Strümpfe, 2 Hosen, lange Unterhose/Leggings, kurze Hose, Unterhosen nach Bedarf, Badehose (-anzug), 3 Unterhemden/T-Shirts, langes Unterhemd, 1 Hemd, 1 Pullover, 1 Faserpelz oder dicker Pullover, Handschuhe, Mütze, Schal, Sonnenhut.

Mehr Strümpfe, Hemden oder Pullover müssen meiner Ansicht nach nicht mit. Ein Set zum Wechseln reicht aus. Wenn es kalt wird, können Sie alle Sachen übereinander anziehen.

✱ Kochsachen: Campingkocher, Spülmittel, Schwamm zum Abwaschen, Geschirrtuch, Spiritus oder Benzin in haltbarer, gut verschließbarer Flasche, Teller, Besteck, Becher, Bratenwender, Wassersäcke oder -kanister (mit Wasser), Micropur/Certisil oder Wasserfilter, Ölflasche mit Ausgießer, Weithalsflaschen für Lebensmittel, eventuell Grillrost und Faltschüssel.

✱ Hygiene: Toilettenpapier, Taschentücher, Anti-Mücken-mittel, Handtuch, Waschlappen, Zahnbürste, Zahnpasta, Seife, Shampoo (möglichst ohne Zusätze, der Natur zuliebe), Kamm, Hautcreme für die Hände, Sonnenschutzcreme, Spiegel.

✱ Medikamente: Japanisches Heilpflanzenöl, Schmerzmit-tel, Kohle-Compretten gegen Durchfall, Allergietabletten für Allergiker, Salbe gegen Juckreiz bei Insektenstichen (Bamipin, Fenistil), Verstauchungssalbe, Desinfektionsmittel, Pflaster, Leukoplast, Mullbinden, Verbandpäckchen, Elastikbinde, sterile Wundauflagen.

✱ Kleinkram: Gummibänder, Nylonschnur, dünnes Band, Nähgarn, Zwirn, Clips zum Verschließen von Tüten, reichlich Gewebeklebeband (die beste Qualität, breit, da auch zur Pad-del- und Bootsreparatur verwendbar), einige Wäscheklammern, Nähnadeln, Sicherheitsnadeln, Teelichte, Streichhölzer, Dauer-streichholz bzw. Feuerzeug, große und kleine Plastiktüten, Mülleimertüten, Müllsäcke (groß und stabil), Ersatzventil für Isomatte, Flickzeug für Kleidersäcke, Notsignalgerät, kleiner Schleifstein, "Überlebensfolie", Trillerpfeife, Kompaß, Taschen-lampen und Batterien, Taschenmesser mit Dosenöffner etc., Fahrtenmesser, Spaten, Beil und Säge (wenn Feuer gemacht wird), Moskitonetz (in den entsprechenden Gegenden), Son-nenbrille, Fernglas, Taschenlupe, Waschmittel für Kleidung, Armbanduhr, Schuhputzzeug.

✱ Papierkram: Reiseführer, Kanuführer, Adressen (im Reiseland und auch von zu Hause), Landkarten, Kartenhülle, Wörterbuch im Ausland, Fahrkarten (Fähre, Bus, Bahn), Paß oder/und Personalausweis, Brustbeutel, eventuell Jugendher-bergsausweis, Geld, Schecks, Kreditkarte, Krankenversiche-rungsnachweis, Stift, Zettel, Bücher über Vögel und Pflanzen.

✱ Nach Bedarf: Angel, Kescher, Blinker etc., Fotoapparat mit Ersatzbatterie, Filme, Objektive, Blitz und Batterien, Stativ, Thermoskanne.

Essensliste für 2 Personen und 7 Tage Aufenthalt

Die hier angegebenen Mengen sind nur Anhaltspunkte aus meiner persönlichen Erfahrung. Je nach eigenem Bedarf und körperlicher Anstrengung werden Sie unter Umständen mehr oder weniger benötigen.

* **Zutaten:** Brühwürfel, Gewürze, Salz, Zwiebelpulver, Vanillezucker, Backpulver, Suppengemüse, Trockenei-pulver, Vitamintabletten in ausreichender Menge.
* **Wasser:** 10 l für 2 Tage.
* **Für unterwegs:** Schokolade (5 Tafeln), Bonbons (eine Tüte), Kekse (700 g), Trockenobst, Nüsse (1 kg).
* **Frühstück:** Tee/Kaffee (für 30 Becher), Marmelade, Honig o.ä. (500 g), Knäckebrot (250 g), Müsli (1.200 g), Milchpulver (400 g).
* **Mittagessen:** Deftige Suppen (4 Btl.), einfache Suppen (5 Btl.), Pumpernickel (500 g), Kräcker (200 g), Mehl (2 kg), Käse (500 g), Salami (500 g), Butter (250 g). (Maßeinheit für Mehl: 3 Eßl. = 100 g)
* **Abendessen:** Fleischkonserven (3 Dosen), Reis (600 g), Rosinen (250 g), Nudeln (1 kg), Tomatenmark (1 Tube), Parmesan (100 g), Fertigsoßen (2 Port.), Trockengemüse (200 g), Kartoffelpüree (250 g), Eier (4 Stück), Öl (500 ml).

Neben diesem Grundbedarf kaufen wir frisches Obst, Gemüse, Milch, Joghurt und weitere Naschsachen sowie lokale Spezialitäten kurz vor der Fahrt ein. Auf diese Weise reichen die Nahrungsmittel einen Tag länger und der Speiseplan wird abwechslungsreicher.

Geographische Buchhandlungen

Folgende Buchhandlungen haben sich auf die Beschaffung von Karten und Reiseliteratur spezialisiert:

Aigner, Arsenalplatz, 71638 Ludwigsburg.

Angermann, Mauergasse 21, 65183 Wiesbaden.

Aree Greul, Am Goldsteinpark 28, 60529 Frankfurt.

Atlas Reisezentrum, VOODOOVISION, Schauplatzgasse 31, CH-3011 Bern, und Bahnhofstr. 62c, CH-3232 Ins.

Baedeker, Kettwiger Str. 23-25, 45127 Essen, und Friedrich-Ebert-Str. 31, 42103 Wuppertal.

Buchhandlung Kiepert, Hardenbergstr. 4-5, 10623 Berlin.

Buch-Kaiser, Kaiserstr. 199, 76133 Karlsruhe.

Därr's Travel Shop, Theresienstraße 66, 80333 München.

Dr. Götze Land & Karte, Bleichenbrücke 9, 20354 Hamburg.

Fata Morgana, Auf den Häfen 9-10, 28203 Bremen.

GeoBuch, Rosental 6, 80331 München.

GEO Buchhandlung, Schülperbaum 9, 24103 Kiel.

Gleumes & Co, Hohenstaufenring 47-51, 50674 Köln.

Großhandel ILH-GeoCenter, Postfach 800830, 70508 Stuttgart.

Gutenbergbuchhandlung, Große Bleiche 29, 55116 Mainz.

Hugendubel, Steinweg 12, 60313 Frankfurt, Nymphenburgerstr. 25, 80335 München, und Ludwigsplatz 1, 90403 Nürnberg.

Landkartenhaus Orgs, Rosastr. 12, 45130 Essen.

Landkarten Schwarz, Eckenheimer Landstr. 36, 60318 Frankfurt, und Berliner Str. 72, 60311 Frankfurt.

Mayersche Buchhandlung, Talbotstr. 25, 52068 Aachen, und Neumarkt/Kronengasse, 50667 Köln.

Osiandersche Buchhandlg., Wilhelmstr. 12, 72074 Tübingen.

Phönix, Jahnplatz/Oberntorplatz 23, 33602 Bielefeld.

Pustet, Gesandtenstr. 6, 93047 Regensburg.

Reisebuchladen, Kolingasse 6, A-1090 Wien.

Sack & Pack Kartenladen, Aachener Str. 10, 40223 Düsseldorf.

Schmorl & von Seefeld, Bahnhofstr. 14, 30159 Hannover.

Schropp, Lauterstr. 14-15, 12159 Berlin.

Tobias Löffler, B 1,2, 68159 Mannheim.

Travel Book Shop, Rindermarkt 20, CH-8000 Zürich.

Voigt, Schiffstr. 6, 79098 Freiburg.

Wittwer, Königstr. 30, 70173 Stuttgart.

Weiterführende Literatur

Alpiner Kajak-Club, *Kanu-Gefahren* (1987), Selbstverlag.

Harald Barth, *Angeln* (1995), Basiswissen für Draußen (Band 21), Conrad Stein Verlag, Kronshagen.

Büchl, Gerhart, *Kajakfahren heute* (1987), Brückmann.

Conover, Garrett, *Beyond the Paddle* (1991), Old Bridge Press, Ontario.

Engel, Elmar, *Kanu, Kajak, Faltboot. Großer Spaß mit kleinen Booten* (1990), Busse Seewald.

Erschel, Hans van/Kopp, Norbert, *Wildwasserfahren heute* (1983), 3 Bde., Brückmann.

Hodgson, Michael/Schrader, Meeno, *Wetter* (1994), Basiswissen für Draußen (Band 13), Conrad Stein Verlag, Kronshagen.

Jacobson, Cliff, *Karte & Kompaß* (1995), Basiswissen für Draußen (Band 4), Conrad Stein Verlag, Kronshagen.

Jacobson, Cliff, *Knoten* (1992), Basiswissen für Draußen (Band 3), Conrad Stein Verlag, Kronshagen.

Cliff Jacobson, *Kochen* (1993), Basiswissen für Draußen (Band 8), Conrad Stein Verlag, Kronshagen.

Jacobson, Cliff, *Solo im Kanu* (1992), Basiswissen für Draußen (Band 10), Conrad Stein Verlag, Kronshagen.

Mason, Bill, *Path of the Paddle* (1984), Key Porter Books, Canada.

Mason, Bill, *Song of the Paddle* (1988), Key Porter Books, Canada. Hier wird alles, was mit dem Kanadier-Fahren zu tun hat, mit vielen Bildern ausführlich beschrieben. Der "Mason" ist sozusagen die "Kanadierbibel". Der erste Band ist auch in deutscher Sprache in einer Bearbeitung von **Arno Gatz** und **Elmar Engel** zu bekommen: *Die Kunst des Kanufahrens: Der Kanadier* (1987), Busse Seewald.

Meuninck, Jim, *Eßbare Wildpflanzen* (1992), Basiswissen für Draußen (Band 5), Conrad Stein Verlag, Kronshagen.

Micklitza, Kerstin, *Wandern mit Kind - zu Fuß - per Rad - mit Kanu* (1994), Basiswissen für Draußen (Band 15), Conrad Stein Verlag, Kronshagen.

R & G, *Flüssigkunststoffe*, Katalog, Bonholzstr. 18, 71111 Waldenbuch.

Rittlinger, Herbert, *Die neue Schule des Kanusports* (1967), Brockhaus.

Stein, Conrad, *Touren in Masuren* (1993), Conrad Stein Verlag, Kronshagen.

Stritzky, Otto von/Pree, Marja de, *Paddel-Handbuch: Wandern auf Salz- und Süßwasser* (1995), BLV. Dieses Buch bietet viele Informationen, die Verfasser sind Faltboot-Fans. Im Anhang befindet sich eine Liste mit Adressen von Bootsbauern und -verkäufern.

DKV-Kanuführer gibt es für ganz Deutschland. Sie bieten ausführliche Flußbeschreibungen. Daneben sind auch zahlreiche Auslandsführer erschienen.

Der DKV gibt alljährlich das *Kanu-Sport-Programm* heraus, in dem neben vielen Veranstaltungen des Verbandes u.a. die in Deutschland für Paddler gesperrten Gewässer aufgelistet sind.

Die DKV Vereinszeitschrift *Kanu-Sport* informiert sowohl über den Kanu- und Kajakwettkampfsport als auch über Wanderfahrten, Paddeltreffen, Gewässersperrungen, aktuelle Entwicklungen der "Paddel-Politik" und vieles mehr.

Ansonsten gibt es noch einige andere Zeitschriften im Handel, die sich mit dem Kanusport befassen.

Glossar

Bogenschlag
Bei diesem Schlag wird das Paddel in einem weiten Bogen geführt; das Boot bewegt sich von der Paddelseite weg.

Boot-über-Boot-Rettung
Zum Entleeren des vollgelaufenen Bootes gibt es die Möglichkeit der Boot-über-Boot-Rettung. Das rettende und das gekenterte Boot liegen in einem 90° Winkel zueinander. Das kieloben schwimmende Boot wird über die Mitte des anderen Bootes gehoben und läuft dabei leer. Liegt es mittig auf dem Rettungsboot, kann es umgedreht und wieder in das Wasser abgesetzt werden.

Diese Methode ist gut, funktioniert aber nur bei nicht voll beladenen Kanus.

Bootsrutschen oder -gassen
Dies sind speziell für Paddler gebaute Abschnitte einer Stauanlage, über die ausreichend Wasser abfließt, so daß sie mit dem Kanu befahren werden können. Bei größeren Anlagen wird die Bootsgasse auf Anforderung geflutet, und eine Ampel gibt grünes Licht für die Durchfahrt.

Bug
Vorderes Ende des Bootes.

C-Schlag
Dieser Schlag ist eine Variation des J-Schlages. Zu Beginn des Schlages wird das Paddel, weit vorne, zum Boot hingezogen. Dadurch verstärkt sich der Steuereffekt zur Paddelseite hin.

Deckwalze
Walze, die unmittelbar an der Wasseroberfläche auftritt und als "bergauf" strömendes Wasser klar zu erkennen ist. Hinter künstlichen Hindernissen (Wehren) reichen sie häufig von einer Flußseite auf die andere.

Kleine Deckwalzen können von erfahrenen Paddlern mit Schwung durchfahren werden, große Deckwalzen (ab ungefähr Bootslänge) sind lebensgefährlich. Im Zweifel sollte immer umtragen werden.

Dollbord
Obere Bootskante. Bei den offenen Kanadiern sind Dollbord und Süllrand praktisch identisch.

Faltwassersack
Er sieht wie ein Kleidersack aus, besitzt aber am unteren Ende einen Hahn. Hängt man ihn in einen Baum, hat man eine Dusche und einen Wasserhahn.

Felgensüllrand
Beim Kanadier der wulstförmige Rand der Persenning, über den die Spritzdecke gespannt wird.

Flache Paddelstütze
Paddeltechnik zur Stabilisation des Bootes unter Einsatz der "passiven" Paddelseite. Die führende Hand bleibt vor dem Körper, und das Paddel wird flach auf das Wasser gelegt. Unter Fahrt gleitet es wie eine Tragfläche über das Wasser. Wenn nicht mehr genug Schwung vorhanden ist, muß das Paddel durch Wriggen stabilisiert werden.

Fließgeschwindigkeit
Die Fließgeschwindigkeit eines Flusses hängt von der Wassermenge, dem Querschnitt (also Tiefe und Breite) und dem Gefälle ab.

Je breiter und tiefer, desto langsamer fließt der Fluß und umgekehrt. Je größer das Gefälle, desto schneller die Strömung und desto flacher das Wasser.

Freibord
Höhe des Schiffskörpers über der Wasserlinie an seiner flachsten Stelle.

Gelbe Tonnen
Auf Seen sind die Sperrgebiete meistens durch gelbe Tonnen oder Stangen gekennzeichnet. Auch ein diagonales gelbes Kreuz hat dieselbe Bedeutung. Gelbe Streifen auf weißem Grund bedeuten ein Sperrgebiet nur für motorbetriebene Fahrzeuge.

Gieren
Seitliches Abweichen des Bootes vom Kurs durch Drehen um die Hochachse.

Gleithang
Bezeichnung für flache Stellen bzw. das flache Ufer besonders in Innenkurven eines Flusses. Der Gleithang entsteht durch die Ablagerung von Schwemmteilchen des Flußwassers.

Grüne und rote Tonnen
Grüne und rote Tonnen markieren das Fahrwasser einer Schifffahrtsstraße. Die grünen stehen immer auf der rechten Seite, wenn man auf dem Meer zum Hafen hin- (auf das Land zu) bzw. dem Fluß entgegenfährt.

Die Fahrzeuge im Fahrwasser haben Vorrang. Allerdings müssen Kleinfahrzeuge trotzdem der Berufsschiffahrt ausweichen.

Hebelschlag
Anders als beim Ziehschlag nutzt man bei diesem Schlag das Dollbord, um das Paddel zu führen. Es taucht direkt am Kanu ein und wird vom Boot weggehebelt. In der Mitte ausgeführt, bewirkt dieser Schlag ein seitliches Versetzen zur entgegengesetzten Seite. Vor der Mitte ergibt sich ein Drehen von der Paddelseite weg, hinter der Mitte ein Drehen zur Paddelseite hin.

Heck
Hinterer Teil des Schiffes.

Hohe Paddelstütze

Paddeltechnik zur Stabilisation des Bootes. Die führende Hand wird am Ende des Paddels hoch über den Kopf gestreckt. Setzen Sie das Paddel weit entfernt vom Boot ein und ziehen es langsam zum Kanu hin, oder stabilisieren Sie es durch Wriggen. Unter Fahrt läßt sich der Druck auf das Paddel durch den Anstellwinkel zur Strömung nutzen.

Indianer-Schlag

Variation des J-Schlages. Bei langsamer Fahrt kann man das Paddel im Kreis führen, ohne es aus dem Wasser zu nehmen. Es schneidet parallel zum Boot **im** Wasser nach vorne. Die Hand am Paddelknauf muß dabei umgreifen.

Joch

Vorrichtung im Kanu zum Tragen des Bootes auf den Schultern.

J-Schlag

Er ist der wichtigste Grundschlag. Mit ihm steuert man das Boot zu der Seite, auf der man selbst paddelt. Wenn Sie rechts sitzen, wird das Paddel vorne rechts senkrecht eingetaucht. Dazu führen Sie die linke Hand weit zur rechten Bootsseite herüber, damit das Paddel dicht am Boot geführt wird.

Nun ziehen Sie das Paddel nach hinten durch und beenden den Schlag, indem Sie die linke Hand nach außen drehen (der Daumen zeigt dabei nach unten). So kommt das Paddel parallel zum Boot zu stehen, und die rechte Hand kann es nach außen drücken, um das Boot nach rechts zu lenken. Für die linke Seite funktioniert das Ganze entsprechend.

Kajak

Sportpaddelboot. Es wird mit einem Doppelpaddel fortbewegt, hat ein geschlossenes Deck, und man sitzt darin mit ausgestreckten und leicht angewinkelten Beinen auf einem flachen Sitz. Das Kajak ist schmaler und länger als der Kanadier.

Kanadier

Offenes, kippsicheres Sportpaddelboot mit großer Ladekapazität. Man benutzt das Stechpaddel und kniet im Boot oder sitzt mit angewinkelten Beinen. Der Sitz ist höher als beim Kajak. Das Boot ragt dementsprechend weiter aus dem Wasser und bietet eine größere Angriffsfläche für den Wind.

Man ist im Kanadier in der knienden Position beweglicher als im Kajak und hat die Möglichkeit, die Sitzposition zu variieren.

Kanadischer Schlag

Ist eine Variation des J-Schlages. Die Steuerwirkung wird dadurch erzielt, daß das Paddel am Ende des Grundschlages verdreht nach vorn gezogen wird, um so neben dem Paddler aus dem Wasser zu schnellen. Dabei wird beim Vorziehen des Paddels die passive Seite zur aktiven Seite. Man spricht bei dieser Technik auch vom "Messerschlag".

Kanu

Allgemein der Oberbegriff zu "Kanadier" und "Kajak". In diesem Buch ist allerdings meistens der Kanadier gemeint.

Kastenschlag

Um das Boot zu drehen, kann man den Hebel- und Ziehschlag kombinieren: Bugzug und Heckhebel drehen das Boot zur Paddelseite hin.

Man verbindet die beiden Schläge, indem das Paddel senkrecht und parallel zum Boot nach vorne bzw. nach hinten gezogen wird, das heißt, die Führung des Paddels beschreibt im Wasser ein Rechteck.

Kehrwasser

Hinter nicht überspülten Steinen in einem Fluß bildet sich diese Zone ruhigen, leicht flußauf strömenden Wassers, das als Kehrwasser bezeichnet wird. Zwischen dem Kehrwasser und dem Hauptstrom entsteht eine Wirbelzone.

Kiellinie
Linie vom Bug zum Heck an der tiefsten Stelle des Bootes. Als Formmerkmal die untere Bootskontur im Seitenriß.

Kleidersack
Wasserdichter Sack aus Kunststoff, der durch Einrollen über eine Plastikkante verschlossen wird.

Lee
Die dem Wind abgekehrte (ruhige) Seite.

Lenzen
Wasser herauspumpen.

Leuchtkugeln
Bei Notfällen zur Übermittlung von Signalen mittels einfacher Abschußgeräte. Rot, wenn Hilfe benötigt wird, Grün zur Entwarnung, Weiß zur allgemeinen Verständigung.

Luv
Die dem Wind zugekehrte (windige) Seite.

Paddelbrücke
Wird zum Einsetzen und Anlanden angewendet: Das Paddel wird im rechten Winkel zum Boot über beide Süllränder und das Ufer gelegt, die Hände umgreifen den Paddelschaft und die Süllränder gleichzeitig. So entsteht ein fester Kontakt zum Ufer und erleichtert das Ein- und Aussteigen.

Persenning
Schutzbezug aus stabilem Material, um offene Boote abzudecken. Bei Kanadiern bleiben Mannlöcher offen, die mit einer Spritzdecke vollständig verschlossen werden können.

Prallhang
Bezeichnung für tiefes Wasser und steiles Ufer in der Außenkurve eines Flusses.

Preßschlag
Variation des Hebelschlages, bei dem man unter Fahrt das vorbeiströmende Wasser nutzt, um das Boot von der Paddelseite wegzudrücken.

Seilfähre
Paddeltechnik, um einen Fluß zu überqueren, ohne an Höhe zu verlieren. Beispiel: Das Kanu zeigt flußauf. Es wird mit dem Bug in einem spitzen Winkel in die Strömung gesteuert. Nun gilt es, so zu paddeln, daß das Boot nicht flußabwärts getrieben wird, wobei gleichzeitig der Winkel zur Strömung einzuhalten ist. Die Strömung drückt das Boot wie eine Seilfähre zum anderen Ufer. Beim Erreichen des anderen Ufers müssen Sie den Kanadier nur noch mit einem kurzen Ziehschlag am Heck ans Ufer heranziehen. Ist der Winkel zur Strömung zu spitz, bleibt das Boot auf der Stelle stehen. Ist er dagegen zu groß, dreht das Boot in die Hauptströmung. Die Seilfähre rückwärts funktioniert entsprechend.

Spant
Bauteil zum Verstärken der Außenwand von Schiffsrümpfen. Bei Kanus sind solche Verstärkungen in der Regel nicht nötig. Man spricht hier von Spant als gedachter Spantform, um den Querschnitt des Bootes zu charakterisieren.

Spiegelheck
Stumpfes Heck eines Kanus zum Anbringen eines Außenbordmotors.

Spitzenbeutel
Keilförmiger Auftriebskörper, der in die Bootsenden gesteckt wird.

Spritzdecke
Kunststoff- oder Neoprenschürze, die das Eindringen von Wasser in das Kanu verhindert. Sie deckt das Loch zwischen Persenning und Paddler ab.

Stechpaddel
Paddel mit Paddelblatt, Schaft und Knauf am oberen Ende.

Steven
Vorderes und hinteres Ende des Bootes. Bei einem aufgeholten Steven sind die Bootsenden nach oben gezogen, die Kiellinie verläuft gekrümmt.

Süllrand
Lukeneinfassung.

Treideln
Ein Wasserfahrzeug vom Ufer aus stromaufwärts ziehen oder stromabwärts gleiten lassen.

Triebschläge
Vorwärtstreibende Paddelschläge.

Trimm
Lage eines Schiffes bezüglich Tiefgang und Schwerpunkt.

Übergreifen
Dabei wird das Paddel auf die andere Bootsseite geführt, um einen Ziehschlag anzubringen. Die Hände werden nicht gewechselt. Um den Schlag gut auszuführen, muß der Oberkörper sehr weit gedreht werden. Dieser Seitenwechsel kann sehr schnell vollzogen werden und ist oft sicherer als ein Hebelschlag.

"Überlebensfolie"
Dies ist eine reißfeste, verspiegelte Folie, die Hitze reflektiert. Man kann sie hinter dem Lagerfeuer aufspannen oder um den Körper legen. Auch um Notsignale zu geben, ist sie gut.

Umtragen
Transportieren des Kanus über Land, um einen nicht befahrbaren Flußabschnitt zu überwinden.

Walze
Breiter Wasserstrudel, der besonders unterhalb von Wehren oder anderen gleichmäßig überronnenen Hindernissen entstehen kann. Alle Walzen stellen ein ernstzunehmendes Hindernis für Kanufahrer dar.

Wanderpaddel
Paddel mit relativ kleiner Paddelfläche zum gleichmäßigen, kräfteschonenden Einsatz über größere Strecken.

Wehre
Wehre sind Staustufen in einem Fluß oder zwischen Seen. Sie werden gebaut, um Wasser umzuleiten oder die Strömungsgeschwindigkeit zu reduzieren.

Widerwellen
Regelmäßige Wellen unterhalb einer Stromschnelle, die tiefes Wasser andeuten.

Wildwasserpaddel
Paddel mit relativ großer Paddelfläche, um mit wenigen Schlägen einen großen Einfluß auf den Kurs des Bootes nehmen zu können.

Wriggen
Paddeltechnik zum seitlichen Versetzen des Kanus. Das Paddel wird dabei fast parallel zum Boot hin- und herbewegt. Es beschreibt eine Acht im Wasser.

Der Anstellwinkel von etwa 45° bringt den erforderlichen Druck auf das Paddel, um das Boot zur Seite zu ziehen. Stellt man das Paddel in der entgegengesetzten Richtung an, so ist ein Drücken des Bootes möglich.

Man kann also durch Wriggen sowohl ziehen als auch hebeln. Der Vorteil des Wriggens liegt in der Stabilisation des Bootes.

Ziehschlag

Beim Ziehschlag wird das Paddel ein Stück vom Boot entfernt angesetzt und im rechten Winkel zum Kanu hingezogen. Ein stehendes Boot können Sie so gleichmäßig zur Paddelseite hin versetzen. Wird der Ziehschlag weiter vorn begonnen und das Paddel vorne ans Boot herangeführt, dreht sich der Kanadier zur Paddelseite. Wird der Schlag dagegen hinter der Boots-mitte angesetzt, dreht sich der Bug von der Paddelseite weg.

Index

Lieber Leser, liebe Leserin,

wir vom Conrad Stein Verlag möchten Sie näher kennenlernen, damit wir unsere Bücher noch weiter verbessern und uns auf Ihre Bedürfnisse und Wünsche einstellen können. Bitte helfen Sie uns dabei und beantworten Sie die folgenden Fragen.

❶ *Wie alt sind Sie?* ☐ unter 20 ☐ zwischen 21 und 29 ☐ zwischen 30 und 39 ☐ über 40

❷ *Reisen Sie meist* ☐ allein ☐ zu zweit ☐ mit der Familie ☐ als Gruppe?

❸ *Mit welchen unserer Reise- und/oder OutdoorHandbücher sind Sie gereist? (Titel, Aufl., Jahr auf S. 2)*

1 _____ 2 _____ 3 _____ 111

❹ *Waren Sie zufrieden mit dem Buch/den Büchern?* ☐ ja ☐ so lala ☐ nein

❺ *Wie fanden Sie*

	sehr gut	gut	ausreichend	nicht gut
Aufbau und Übersichtlichkeit	☐	☐	☐	☐
Aktualität Adressen, Preise, ☎ FAX	☐	☐	☐	☐
Kapitel Land & Leute	☐	☐	☐	☐
Kapitel Reise-Infos von A bis Z	☐	☐	☐	☐
Kapitel Sehenswertes	☐	☐	☐	☐
Kapitel Routenbeschreibungen	☐	☐	☐	☐
Lexikon/Glossar	☐	☐	☐	☐
Inhaltsverzeichnis und Index	☐	☐	☐	☐
Abbildungen	☐	☐	☐	☐
Karten/Pläne	☐	☐	☐	☐
Schriftgröße	☐	☐	☐	☐
Piktogramme/Symbole	☐	☐	☐	☐
Kalender/Maßstabsleiste	☐	☐	☐	☐
Anzeigen	☐	☐	☐	☐
Buchformat und -gewicht	☐	☐	☐	☐
Verarbeitung, Bindung	☐	☐	☐	☐
Preis-Leistungs-Verhältnis	☐	☐	☐	☐

b.w.

✂

➏ *Wie reisen Sie im Land selbst?* (Mehrfachnennung möglich)
- ☐ Eigenes Auto
- ☐ Flugzeug
- ☐ Leihwagen
- ☐ Trampen
- ☐ Wohnmobil
- ☐ Motorrad
- ☐ Bahn
- ☐ Kanu
- ☐ Bus
- ☐ Wandern
- ☐ Fahrrad

➐ *Wie übernachten Sie hauptsächlich?* (Mehrfachnennung möglich)
- ☐ Hotel/Motel
- ☐ Bed & Breakfast / Pension
- ☐ Campingplatz
- ☐ Wildcampen
- ☐ Jugendherberge/Backpacker
- ☐ Apartment

➑ *Würden Sie wieder eines unserer Bücher kaufen?* ☐ ja ☐ nein

➒ *Kennen Sie unsere OutdoorHandbücher?* ☐ ja ☐ nein
Wie gefallen Sie Ihnen? ☐ sehr gut ☐ gut ☐ nicht so gut

➓ *Welches Thema vermissen Sie bei den OutdoorHandbüchern?*
Welches Land/Gebiet/Insel vermissen Sie bei den ReiseHandbüchern?
Wenn Sie zusätzlich Kritik oder Lob loswerden wollen, legen Sie bitte ein extra Blatt bei. Danke.

☺ Als Dankeschön für's Mitmachen verlosen wir zum Ende jeden Jahres (unter Ausschluß des Rechtsweges)
unter allen Einsendern 20 wertvolle Preise.

1. Preis: ein Tagesrucksack   **2. Preis:** ein Fernglas 8x40   **3. bis 5. Preis:** je ein Kompaß
6. bis 20. Preis: je eines unserer ReiseHandbücher nach Ihrer Wahl.
(Wenn Sie eines unserer Bücher gewinnen, welches wünschen Sie sich?
....)

Wichtig! Nur ausreichend frankierte Einsendungen nehmen an der Verlosung teil. Bitte vergessen Sie Ihren
Absender nicht.

Name: ....

Straße: ....   PLZ/Ort: ....

☞ Kreuzen Sie bitte an, ob wir Ihnen unseren Verlagsprospekt zusenden sollen   ☐ ja   ☐ nein

Conrad Stein ⊕ Verlag

Eichkoppelweg 51•24119 Kronshagen ☎ 0431/544090 [FAX] 548774

Ägypten-Handbuch / Haag	DM *4,80
Alaska / Richter	DM 29,80
Argentinien-Handbuch / Junghans	DM 34,80
Auf nach Down Under / Sackstedt (edition schwarzweiß)	DM 14,80
Australien-Handbuch / Stein	DM 36,80
Australiens Norden / Dupuis-Panther	DM 24,80
Azoren-Handbuch / Jessel & von Bremen	DM *6,80
Bangladesch / Steinke (edition schwarzweiß)	DM 29,80
Brasilien-Handbuch / Junghans	DM 36,80
Bulgarien / Müller	DM 24,80
Chile-Handbuch / Junghans	DM 26,80
Dänemarks Norden / Treß & Walter	DM 29,80
Dänische Westküste / Treß	DM 24,80
Elfenbeinküste / Steinleitner (edition schwarzweiß)	DM 16,80
El Hierro / Faust-Lichtenberger (edition schwarzweiß)	DM *4,80
El Salvador & Honduras / Steinke	DM 29,80
Eritrea / Christmann	DM 24,80
Fiji, Samoa & Tonga / Sach	DM 26,80
Florida / Stein	DM 24,80
Fuerteventura / Reifenberger	DM 26,80
Gomera-Handbuch / Reifenberger - Cabildo Insular	DM 29,80
Gotland / Bohn	DM 22,00
Die Kirchen Gotlands / Lagerlöf & Svahnström	DM 24,80
Gran Canaria-Handbuch / Reifenberger	DM 29,80
Hawaii / Sach	DM 26,80
Holland / Wetters	DM 29,80
Indien per Bahn / Ellis	DM *6,80
Irak / Kleuser (edition schwarzweiß)	DM *4,80
Iran / Berger	DM 36,80
Irland / Elvert	DM 26,80
Island-Handbuch / Richter	DM 34,80
Islands Geologie / Hug-Fleck (edition schwarzweiß)	DM 14,80
Israel / Kautz & Winter	DM 26,80
Jordanien / Kleuser & Röhl	DM 24,80
Kaliningrader Gebiet / Junger & Müller	DM 26,80
Kanada - Alaska Highways / Richter	DM 26,80
Kanadas Westen / Stein	DM 36,80
Kanalinseln / Ferner	DM 29,80
Kanarische Inseln / Fründt & Muxfeldt	DM 26,80
Kanarische Wanderungen / Reifenberger	DM 22,00
Komoren / Westenberger	DM 24,80
Kurs Nord / Umbreit & Spaeth (Frühsommer '96)	DM 49,80
La Palma / Reifenberger	DM 24,80

REISE 👉 HANDBÜCHER

... überall im Buchhandel

Lanzarote / Reifenberger	DM 26,80
Libanon / Röhl & Rosebrock	DM 24,80
Libyen / Steinke	DM 34,80
Lofoten und Vesterålen / Knoche	DM 24,80
Madeira & Azoren / Jessel & von Bremen	DM 34,80
Malawi / Hülsböhmer	DM 24,80
Manitoba & Saskatchewan / Stein (edition schwarzweiß)	DM *4,80
Mauritius / Ellis	DM 26,80
Mexiko, Belize & Guatemala / Fründt & Muxfeldt	DM 29,80
Namibia & Botswana / G. & H. Lamping	DM 29,80
Nepal 2 - TrekkingHandbuch / Bezruchka	DM 24,80
Neuseeland-Handbuch / Stein	DM 36,80
Nordamerika per Motorrad / Reitberger	DM *4,80
Ontario mit Montréal und Québec / Stein	DM 29,80
Osterinsel / Hellmich	DM 22,00
Phuket & Ko Samui / Bolik & Jantawat-Bolik	DM 24,80
Polen / K. & A. Micklitza	DM 26,80
Prag / Aslan	DM 19,80
Québec / Hansjosten (edition schwarzweiß)	DM *4,80
Reisen mit dem Hund / Treß	DM 22,00
Rocky Mountains Nationalparks / Patton	DM 39,80
Rumänien / Müller	DM 24,80
Schottland / Ferner (Frühjahr '96)	DM 29,80
Schweiz / Kürschner	DM 36,80
Senegal / Mang (edition schwarzweiß)	DM 14,80
Shetland & Orkney / Krüger-Hoge (edition schwarzweiß)	DM *4,80
Sibirien / Zöllner	DM 36,80
Slowakei / K. & A. Micklitza	DM 26,80
Spitzbergen-Handbuch / Umbreit	DM 36,80
Sri Lanka / Müller-Wöbcke	DM 26,80
Sudan / Benjak & Enders (edition schwarzweiß)	DM 16,80
Südschweden mit Öland / Sachtleben	DM 26,80
Südsee-Trauminsel / Neale	DM 19,80
Syrien / Schönmann (Sommer '96)	DM 29,80
Tahiti & Cook Inseln / Sach	DM 26,80
Tansania & Sansibar / Dippelreither & Walcher	DM 36,80
Tausend Tips für Trotter, Tramper, Traveller	DM 22,00
Teneriffa / Reifenberger	DM 29,80
Thailand / Bolik & Jantawat-Bolik	DM 29,80
Touren in Böhmen / Nagel (edition schwarzweiß)	DM 19,80
Touren in Masuren / Stein	DM 24,80
Touren in Schlesien / K. & A. Micklitza	DM 24,80
Tschechien - Tschechische Republik /K. & A. Micklitza	DM 29,80

Informationen aus erster Hand